飲食 × 興趣 × 社交 × 職場

從隱藏的自我到怪異的他人，全方位解析日常中的隱藏性格！

Daily Performance

生活微觀

日常行為的心理解碼

◎ 付款方式看出品性，約會地點看懂個性？

◎ 由喝咖啡方式看習性，從手機放置了解男性？

◎ 透過眼神看穿上司內心，通訊錄也能展現個性？

時曼娟 —— 著

五大主題，揭開人類性格的不同層面

以獨特視角觀察和理解周圍人的行為

對心理學、人際關係感興趣讀者的必讀之作！

目錄

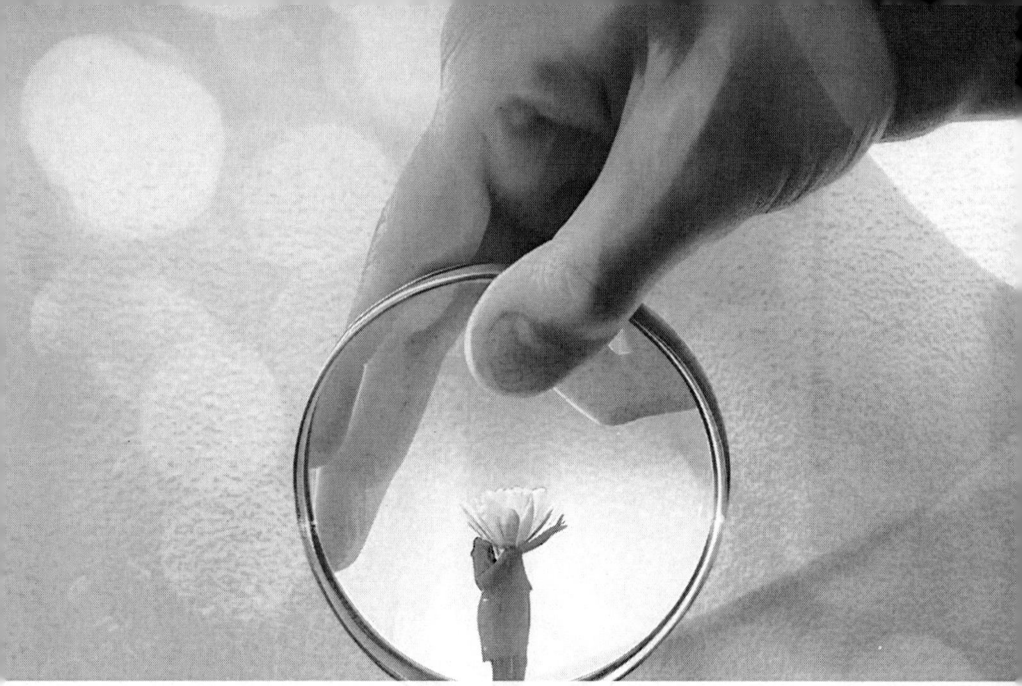

第一章

從飲食習慣看人識人

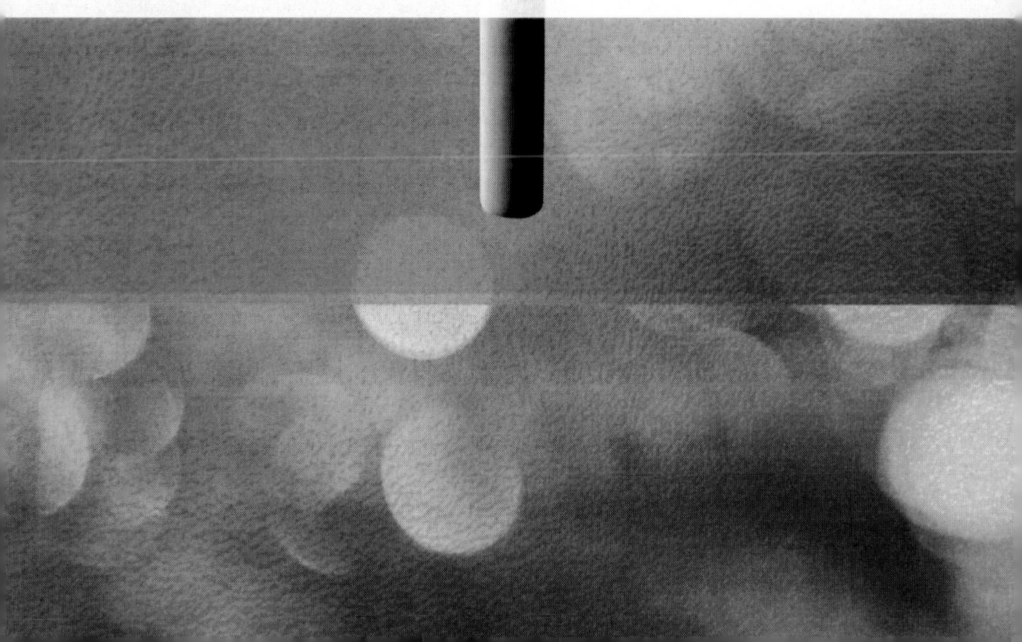

托爾斯泰（Leo Tolstoy）曾說：「習慣是開啟心靈的鑰匙。」美國的約翰·凱因斯（John Keynes）也有這麼一句名言：「習慣形成性格，性格決定命運。」這兩句話深刻、具象地揭露了習慣與人的心理、性格之間的密切關係。一個人無論多麼善於偽裝自己，也無論他如何掩飾自己的內心，都難以徹底地改變自己固有的生活習慣。生活習慣不僅可以透露出一個人的性格，還可以反映出一個人的潛意識和潛在願望。因此，透過觀察一個人的生活習慣，來了解他的內心世界、判斷他的性格，是一條準確、可靠、便捷的途徑。

「民以食為天」，飲食是人們生命活動中不可或缺的一個重要環節。細心的人不難發現：不僅每個人進餐的習慣各不相同，就連對飯菜的喜好也有很大的差異。原來，人們的飲食習慣絕大部分都是無意識的，並且是在童年時期就已經形成的。因此，飲食習慣比其他習慣更容易暴露一個人的內心祕密和性格特徵。

吃飯是人維持自身生存的一種本能，人的進食方式稱之為「吃相」。心理學家經過研究發現，在吃飯這個本能行為中的種種不經意的表現，的確可以深層次反映一個人的心理。正所謂：「吃相如人相。」

（1）中規中矩，細嚼慢嚥的人

這種型別的人進食速度緩慢，通常受過良好的教育，辦事態度嚴謹周詳，一絲不苟，按部就班，無把握的事絕不做，愛挑剔，對人有時過於冷酷。

（2）狼吞虎嚥，風捲殘雲的人

這種型別的人進食速度相當快，個性豪放，精力旺盛，但往往脾氣火爆，陰晴不定，同時，他們辦事果斷，追求效率，待人真誠，具有強烈的競爭意識和進取精神。

（3）將食物分成小塊慢慢吃的人

這種型別的人大多比較傳統和保守，在性格上小心而謹慎，不會輕易地得罪人，做任何事情都仔細，但有時難免流於保守和頑固，缺乏冒險精神，因而在事業上成就不是很大。他們很多時候相當機智、圓滑，無論在婚姻、工作還是思想等方面，都傾向於保守的態度，善於守勢而不習慣採取攻勢。

（4）吃完一種食物再吃另一種的人

這種型別的人往往極富心機，總是怕自己吃虧。但是，他們通常有吃苦精神，對每一件事都極為專注，不會因目前的困難而灰心，不會忽略某人和某事的細枝末節，因此，他們往往能夠在事業上有所建樹。

（5）拿到什麼吃什麼的人

這種型別的人通常比較現實一些，對飯菜品質要求不高，但是，他們很有可能吃飯是一回事，做事又是另一回事，往往很難從吃飯來推斷他們的個性。一般而言，這種型別的人個性比較隨和，不拘小節，生命力旺盛，多才多藝，朋友也比較多，在工作上也沒有過高的要求，能夠做到隨遇而安，可以同時應付多種工作。

（6）把各種菜餚混雜進食的人

這種型別的人思維活躍，生性愛冒險，富於創造性，往往做事較輕率，大多不會留意周圍的事物，心情鬆弛，可能會忽略事情的細枝末節。

（7）吃東西常常會吃很多的人

這種型別的人進食不知節制，愛吃的食物非飽不休，屬於享受主義者，傾向於社會化。他們性格直爽，喜怒溢於言表，不會隱瞞自己的感情，而且不善於仔細地思考。

（8）吃東西通常不多的人

這種型別的人食量比較小，個性保守，行為謹慎，墨守成規，穩健有餘而闖勁不足，一般是守業者而非創業者。

（9）邊嘮叨邊進食的人

由於他們急於和人交談，以至來不及將食物吞下肚。這種型別的人一般性格急躁，做事魯莽，且有些咄咄逼人。

（10）喜歡單獨進食的人

這種型別的人多半性格堅毅沉穩，責任心強，言行一致，信守諾言，工作令人滿意。但是他們性格冷僻，自命清高，往往不願與他人共同分享。一般而言，他們在很多時候總能讓自己的親人、朋友及上司感到滿意。

（11）不管別人，馬上吃完的人

這種型別的人通常比較性急、自私，甚至自以為是，雖然能夠處理較積極與活動性的工作，但是往往不想配合他人的步調，而以自己步調來進行。此外，有的人意志堅定，信心十足，一旦下定決心，就絕不會動搖信念，雖然態度強硬，但對批評毫不在乎，仍貫徹始終。

（12）對喜歡的食物總是吃不夠的人

這種型別的人對吃東西不加節制，看到喜歡的就一定要吃個夠，他們通常性格豪爽、耿直，具有一定的組織協調能力，有著良好的人際關係，能使自己的周圍經常團結著許多人。他們往往不懂得掩飾自己的感情、情緒，常常將喜怒哀樂掛在臉上，總是讓人一目瞭然。

中國人是最講究「吃」、最懂「吃」的民族。商務往來，少不了飯局；朋友聯絡感情，一定少不了聚餐；逢年過節，更是少不了吃吃喝喝。下回聚餐，除了顧好自己的「吃相」，不妨細心觀察一番他人，說不定從此能看出一些端倪！

咖啡是世界著名的飲品，與中國的茶葉一樣，有著悠久、漫長的歷史。隨著人們生活水準的提高，越來越多的人加入到了喝咖啡的行列之中。但是，由於地域的差異，人們的生活習慣各不相同，並且，人們往往會根據不同的心情、愛好，選擇不同的方式喝不同的咖啡，因此，人們喝咖啡的方式也多種多樣起來。於是，人們的性格特徵便會在喝咖啡的不同方式中不經意地暴露出來。

（1）喜歡喝即溶咖啡的人

這種型別的人大多認為通向一切的道路都近在咫尺，認為自己在生活中是最成功的人。但是，他們通常脾氣暴躁，沒有什麼耐心，對任何事總是力求不浪費自己一丁點時間，就立即見到成果，儘管這種成果未必是最完美的結果。這正是他們寧願爭取速度而犧牲品質的性格所決定的。

（2）喜歡喝無咖啡因咖啡的人

這種型別的人大都非常注重「身體健康」和「營養均衡」，他們雖然喜愛咖啡的味道，卻不願冒任何一點「生命危險」，為了能夠長命百歲，他們只好選擇「有咖啡味道而無咖啡本質」的無咖啡因咖啡。他們性格穩健，興趣廣泛，但是，知識常常膚淺、浮於表面，並且缺少攀登新的頂峰的渴望。

（3）喜歡用虹吸式酒精燈煮咖啡的人

這種型別的人價值觀相當傳統，而且堅持自己一貫的做事方式，非常注重做事的「過程」，倘若過程讓他覺得有瑕疵，那就算結果圓滿，他們依然無法接受。他們大多有一些懷舊的浪漫主義情調，時常會營造出一種相當樸素而又和諧的古色古香的氣氛。由於他們價值觀比較傳統，因此，其行動也相當保守，使得他們有許多大膽、新奇的想法都無法付諸實施。

（4）喜歡用電動咖啡機煮咖啡的人

在許多大辦公室裡，經常可以看到用電動咖啡機煮一大壺咖啡的「咖啡上癮族」，他們不但自己想喝的時候隨時可以享用，而且還能分享給其他跟自己一起同甘共苦的夥伴們！

這種型別的人通常會將好東西跟朋友分享，總是在別人需要他們的時候，適時伸出援助之手，而絕不會見死不救。

（5）喜歡自己磨咖啡豆的人

這種型別的人一般個性都很獨立，在日常生活當中，他們幾乎每件事都喜歡 DIY，他們會自己貼桌面、鋪地毯、整理花園、修理汽車，不喜歡假手他人，為的是確定每一步驟都做得完美無缺。而他們之所以如此努力做事，除了是為了享受 DIY 的樂趣外，最主要的原因是，他們覺得「只有自己可以把事情做好」，沒有任何人可以取代他們，可說是天生的勞碌命。好在他們也任勞任怨，不會邊做邊罵。

（6）喜歡滴漏式咖啡的人

滴漏式咖啡是一種最單調、最浪費時間的煮咖啡方式，喜歡滴漏式咖啡的人往往具有比較高的生活品味，為了使自己的付出得到更多的報酬，他們往往會延後滿足感的到來。他們通常都是完美主義的追求者，因此，他們認為，如果不是最好的，就不值得擁有。

（7）喜歡把卡布其諾當茶喝的人

這種型別的人是那種態度散漫不羈、心情愉快的人，喜歡凡事慢慢來，希望人生能過得多彩多姿，盡情享受人生。

他們是絕對的享樂主義者，通常不會把事情看得太嚴謹，往往認為，和幾位朋友聊聊天、說說笑，而把工作延後幾分鐘並無妨。因此，他們的生活哲學就是：人生以快樂為目的，哪裡好玩就往哪裡去。

（8）喜歡喝濃縮咖啡的人

這種型別的人往往喜歡追求轟轟烈烈的人生，無論做什麼事都要轟轟烈烈的，因此，他們的腳步永遠走得比別人快，生活也過得比別人辛苦。他們的感官需求似乎特別強烈，酒要喝最烈的，菜要吃最辣的，開車竭盡所能地快，咖啡當然也要喝最濃的，否則就不過癮。

（9）喜歡喝混合式咖啡的人

這種型別的人通常品味與眾不同，非常不願意被視為普通人，希望把自己塑造成一個完全與眾不同的人物，並且願意花費龐大的時間和精力去嘗試。他們往往能夠塑造出屬於自己的觀點，而且總是能創造出新奇、吸引人的東西。即使這些東西沒有讓他人著迷，但也足以讓他們高興萬分。

此外，還有一些其他的喝咖啡的方式，比如：喜歡喝加奶和糖的咖啡的人，他們通常性格複雜，情緒容易激昂，而且常常情緒低落，在必須做出判斷時，他們往往會採取「騎牆式」的中立態度；喜歡將磨好的咖啡加糖的人，他們在做決定時往往三思而後行，經常為了他人而犧牲自己的利益，但事後常常又會懊悔很久；喜歡將磨好的咖啡不加糖的人，他們性格堅強，不害怕擔負重任，即使在犯錯誤的時候，也不會驚慌失措；喜歡與伴侶一起喝咖啡的人，他們通常有一顆善良的心，胸懷坦蕩，感情重於理智，同樣也很重視他人的坦誠等等。

雞蛋幾乎含有人體所需要的全部營養物質，是人們最好的營養來源之一；此外，由於雞蛋價格便宜，並且它以用多種多樣的方式烹飪，做成多種形式的食品，非常適合人們食用，因此，雞蛋深受人們的喜歡，被人們稱作「理想的營養庫」。透過觀察人們吃雞蛋的不同方式，我們通常可以準確地掌握一個人的心理特徵。

（1）喜歡吃炒雞蛋的人

這種型別的人大多平易近人，善於交際，能與他人良好地相處，並且，善惡分明，不拘小節，性格內斂，不事張揚，對人對事能夠保持寬容的態度，別人對他好一分，他們會回報別人十分，但是，一旦別人對他們惡一分，他們很有可能也會「回敬」別人十分。此外，這種型別的人絕不是好高騖遠之輩，多是一步一抬頭，對生活的要求也不高，只要有穩定的收入再加上一點積蓄，他們就會笑口常開了。因此，他們往往沒有太大的人生目標，有的只是短期的目標。

（2）喜歡吃生雞蛋的人

這種型別的人通常過於執著，認為小小的犧牲是在所難免的，因此，他們往往為了達到一個目標而不顧大局。也就是說，他們往往會為了一棵樹而失去整片森林。並且，他們還常常為此對別人的不理解而頗有微詞。

（3）喜歡吃煮得半生不熟的雞蛋的人

這種型別的人往往在外表上看起來很固執，其實他們的內心十分脆弱，很容易向別人妥協。同時，在性情上，他們有熱情而又溫柔的一面，很容易為一點小事感動不已。

（4）喜歡吃煮過了火候的雞蛋的人

這種型別的人一般都把自己隱藏、保護得非常好，別人不能輕易地走近、了解他們，要想認識他們通常需要花費很大的力氣，因此，他們在外表上給人的感覺往往很冷酷。其實，只要不去觸犯這類人的原則，他們也是充滿樂趣、容易相處的人。這種型別的人往往經過酸甜苦辣的生活磨礪，通常依靠精神和積極的心態去生活。或許，正是因為他們世面很廣，見得太多，才導致他們缺乏溫情的吧。

(5) 喜歡吃鹽雞蛋的人

這種型別的人喜歡保持一份神祕感，總想給人一種高深莫測的感覺，並且，他們還總是認為自己非常有內涵、智慧，不是一般人所能理解的。因此，他們為了保持自己的這種形象，往往會積極地蒐集各種資訊，然後再將這些資訊以各種形式告訴別人。由此不難看出，他們實際上是名利的追逐者。與這種型別的人相處久了，我們會發現，他們其實也是非常含蓄而有趣的人。

(6) 喜歡吃滾水雞蛋的人

這種型別的人往往沒有耐心，想要的東西希望馬上就到手，並且，他們從不思考人生的意義，只是忙著面對現實。更有趣的是，他們不喜歡看偵探、推理小說，因為他們受不了那種近乎折磨又近似捉迷藏般的精神顛簸。

(7) 喜歡吃荷包蛋的人

這種型別的人大多彬彬有禮，謙虛有加，並且，他們不喜歡招搖，行為舉止也很恰當得體。但是，他們常常會被一些找上門的麻煩糾纏不清。

（8）喜歡法式煎蛋捲的人

這種型別的人雖然看上去嚴肅、呆板，其實他們內心裡卻很活躍，總是把一些隱藏的祕密先故弄玄虛一番，把別人吸引過來之後，再不費什麼事地說出來。

（9）喜歡吃單面煎的雞蛋的人

這種型別的人性格樂觀，心中充滿了積極向上的精神，對未來有著無限的嚮往，並且抱著很大的信心，他們往往相信自己能夠開創出一番事業，他們通常也會很努力地、腳踏實地地去做一些事情。

（10）喜歡吃兩面煎的雞蛋的人

這種型別的人也是積極的樂觀派，但是他們在為人處事方面特別的小心謹慎，往往會分析、思考後再去做某件事情，並且他們大多能夠很好地有計畫地安排自己的生活，因此，他們往往可以避免許多麻煩和失望的產生。

此外，按吃雞蛋的先後順序有以下三種型別：

（1）喜歡先吃蛋白後吃蛋黃的人

這種型別的人一般都比較聰明，有很好的邏輯性和創造性，只是有時候會很冷酷，偶爾還會有一點自私。

（2）喜歡先吃蛋黃後吃蛋白的人

這種型別的人心腸比較軟，一般不會拒絕別人的要求，尤其是他們在六神無主的時候，常常會被人欺負。

（3）喜歡蛋白蛋黃一齊吃的人

這種型別的人通常喜歡以自我為中心，很少理會別人的感受，而且很少重視別人的意見，往往會做出一些有違常規的事情。

人們常說，經常吃魚的女人漂亮，經常吃魚的小孩聰明，經常吃魚的男人健康……由此不難看出，魚在人們飲食生活中的重要性。其實，吃魚的方式，並沒有一定的規定可遵循，每個人的吃法各有不同。有趣的是，經心理學家觀察，人們不同的吃魚方式往往反映了該人的性格特點。

（1）喜歡從魚頭吃起的人

魚頭被認為是魚最鮮美的部位，從頭部吃起的人，多為樂觀主義者，表面上大而化之，不拘小節，口無遮攔，但內心卻精打細算，有一本自己的帳。這種型別的人大多都有一種不服輸的個性，並且極其頑固，不喜歡接受別人的命令。他們喜歡有計畫地生活，對自己想要的東西一定要得到，即使採取一些非常手段，也在所不惜。

（2）喜歡從魚尾吃起的人

這種型別的人通常性格內向，內心敏感，凡事都想得很多，虛榮心比較強，而且還比較吝嗇，是慎重小心型的人物。他們在感情上好追求羅曼蒂克，傾向柏拉圖式愛情；做事小心翼翼，追求萬無一失，即使是一樁到手的小買賣，也會猶豫再三，才肯拿出錢來；不論男女都好修飾，肯對服飾花錢，但是不肯借錢給別人，並且將自己的錢物與他人的錢物分得極清楚。

（3）喜歡從中間吃起的人

這種型別的人往往性格大方，喜歡在吃穿上與人攀比，很多時候，如果別人有而自己沒有的東西，先是嫉妒，然後毫不吝嗇地花錢購買，因此，常衝動性地購物。

（4）分成兩半，從頭部吃起的人

這種型別的人以男性居多，他們性情剛烈，脾氣暴躁，愛慕虛榮，擅長運動競賽，活動力強，通常有一不做二不休的強烈意志，一旦決定了某事，就會從頭做到尾。但是，在金錢方面，他們通常會有吝嗇的傾向。如果女性屬於這種型別，她們往往做事乾淨俐落，非常能幹，然而，在男性眼中，卻是很囉嗦、很討厭的女性。

（5）分成兩半，從尾部吃起的人

這種型別的人以女性為多，他們大多心地善良，性格溫和，並且聰明好學，為人積極上進，平時一副彬彬有禮、小心謹慎的樣子。這種型別的人行動力不足，因此，即使機會來了，也很難掌握得住。但是，他們深受雙親及老師的關愛和信賴，在金錢方面懂得合理地存錢。

（6）喜歡到處亂吃的人

一般而言，這種型別的人缺乏計畫條理性，顧眼前而不思後果，喜好浪費，不善於理財。他們往往在有錢時會馬上花掉，沒錢到處亂借。因此，他們常常是薪水未領到之前，錢早已花光，拿到薪水就是還債。

世界上可供人類食用的水果種類非常多，幾乎沒有不喜歡吃水果的人。據科學家研究發現，人們喜歡吃哪種水果往往與其性格、心理等之間存在著一定的關聯。因此，根據人們日常生活中對某種水果的喜好，我們可以判斷出一個人的性格特徵來。

（1）愛吃桃子的人

這種型別的人通常比較善於交際，能夠與周圍的人保持良好、協調的關係，然而，他們解決困難的能力很可能不高，一旦真有問題擺在他們面前，往往會顯得手足無措，無能為力。

（2）愛吃梨的人

這種型別的人通常比較有節制，心地善良，彬彬有禮，並且做事小心謹慎，為人實事求是而不浮華，能配合他人，但是，他們有時卻過於消極，往往錯失良機。如果男性屬於這種型別，往往比較善良，而且富有幽默感，能坦然接受來自別人的批評，接受自己認為有益的勸告。而屬於這種型別的女性，則通常魅力四射，具有令人難以抗拒的誘惑力，身邊往往不乏成群的追求者。

（3）愛吃葡萄的人

因為葡萄皮和葡萄籽比葡萄肉更有營養，最健康的吃法是「不剝皮、不吐籽」，所以葡萄特別適合「懶惰」的人吃。愛吃葡萄的人往往比較懶惰，善於保守自己和別人的祕密，他們害怕孤獨，追求快樂是其永恆的目標。這種型別的人有強烈的美感與詩的幻想，不過給人的卻是冷漠難以相處的印象，除非經年深交，否則很難了解他們的內心。

（4）愛吃西瓜的人

這種型別的人大多脾氣比較好，他們善於忍耐，從不抱怨，也不爭吵，關心別人勝過關心自己，但缺點是缺乏自己的原則。女性屬於這種型別者，往往渴望豐富多彩的人生，對愛情的投入通常是深切並且全心全意的。

（5）愛吃李子的人

這種型別的人通常好嘮叨、愛挑剔、找碴，不易與人和睦相處，不能忍受他人對自己的批評。相反，如果男性屬於這種型別，他們往往是樂觀好客的人，易與人相處，並且善於珍惜美好的東西，不嫉妒，無醋意。

（6）愛吃櫻桃的人

一般來講，這種型別的人通常舉止優雅，善於理財，有銳利的審美觀，對時尚有獨到的見解。但他們害怕孤獨，容易感到寂寞，往往想的多比做的少。如果女性屬於這種型別，往往感情豐富，充滿母愛，對外親和謙恭，頗有公眾意識，但是對內則有強烈的防衛本能，不願私生活受到干擾。屬於這種型別的男性，大多溫柔善良，廉潔公正，並具有犧牲精神。

（7）愛吃草莓的人

這種型別的人大多開朗樂觀，非常自信，並且熱情好客，懂得與他人相處，善於珍惜眼前一切美好的東西。但是，他們缺少耐心和上進心，通常比較容易滿足，喜歡平靜。

（8）愛吃蘋果的人

這種型別的人通常都比較務實，做事冷靜、有計畫，不怕艱苦，但自尊心強，有些守舊。通常情況下，屬於這種型別的女性，性格堅毅，踏實可靠，缺乏浪漫主義色彩。

（9）愛吃橘子的人

這種型別的人感情豐富，具有親和力，但有時非常情緒化，態度讓人捉摸不透。此外，他們通常注重家庭生活，喜歡與知心好友聚餐交談，並且具有比較強的協調性，經常苦在心中也不忘笑在臉上，雖然他們往往因為「好好先生」的性格而吃點虧，但大都擁有很不錯的人緣。

（10）愛吃香蕉的人

這種型別的人大多具有很強的行動力，但他們往往外表堅強而內心軟弱，並且，多愁善感，悲觀、煩躁的情緒常在心中糾纏，非常在意別人對自己的評價。

其實，能幫助我們判斷他人性格特徵的水果種類還有很多，比如，愛吃鳳梨的人，通常熱情，好刺激，遇事都會全力以赴，但不願被束手束腳，對人愛恨分明，所以往往以第一印象決定對人的好惡。再比如，愛吃哈密瓜的人，則比較優雅、含蓄，並且不喜歡人云亦云，心中有遠大夢想，有堅持自己理念的執著，金錢欲和進取心特別強烈等等。

由於人的行為和心理活動都受到大腦的支配，因此，一個人喜歡的口味和他的性格之間存在著必然關聯，吃飯口味不同的人，其性格必然也不一樣，所以，我們可以從一個人喜歡的食物口味，對其內在的性格及心理活動加以分析和了解。

（1）喜歡吃酸味食物的人

酸性食物多含有較高的硫、氯、磷等非金屬元素，過多地攝取這些元素，會使人形成「酸性體質」，不利於人的正常思考活動，往往使人的性格孤僻，甚至導致「孤獨症」。因此，這種型別的人雖然很有事業心，但由於他們性格孤僻，不善交際，遇事總愛鑽牛角尖，致使他們往往沒有什麼知心朋友。

（2）喜歡吃甜味食物的人

甜食可以振奮人的情緒，當一個人對甜食很饞的時候，就表示他體內缺乏能量了。這種型別的人熱情開朗，平易近人，性格外向，但傾向於享樂主義，平時有些軟弱和膽小，缺乏冒險精神，做事很難有突破性。並且，他們喜歡標新立異，讓自己感覺與眾不同，偶爾也會很有人性，孩子氣十足。

（3）喜歡吃辣味食物的人

喜歡吃辛辣食物的人，本身也很「辣」，他們憤世嫉俗，性情孤傲，吃軟不吃硬，並且，有主見，善於思考，注重細節，不喜歡浪費時間，但有時比較愛挑剔別人身上的小毛病。一般而言，他們對社交活動、對禮尚往來等極端排斥，而對於那些立大功、成大業，永垂青史的英雄極度崇拜。

（4）喜歡吃鹹味食物的人

研究顯示，鹽類富含的鈉、鉀、鈣、鎂等金屬元素，是人們理性思考活動的重要物質，因此，喜歡吃鹹食的人具有較強的計畫性和條理性，他們待人接物穩重，有禮貌，做事有計畫，屬於埋頭苦幹型的人。但是，由於他們感性思考不夠，往往比較冷漠，輕視人與人之間的感情，甚至還有點虛偽。

（5）愛吃甜鹹味食物的人

當人體感到疲倦時，其實就是由於人體缺少葡萄糖和鈉，使細胞活動減緩造成的。此時，只要人們嚼上幾口甜鹹味的食物，馬上就可以振作起來。這種型別的人通常都屬於奇才，他們感覺敏銳，有創造力，往往比較喜歡孤獨，但是，他們獨來獨往的性格，往往會讓人覺得他們十分冷漠。

（6）喜歡吃清淡食物的人

在日常生活中，喜歡吃清淡食物的人往往新陳代謝相對較慢，因此，這種人通常不屬於思考特別活躍的型別，他們個性隨和，注重交際和接近他人，希望廣交朋友，並且，多能泰然處之，但是，他們往往獨立性不強，不願意單槍匹馬地行事，缺乏統帥才能和決斷力。

既然從一個人飲食口味的喜好，我們也可以進一步了解他的性格。那麼，以後在與人來往時，就算是初次見面，我們再也不用擔心手足無措啦！

現在，情感因素在人們日常生活中的影響力越來越大，不僅人們的口味與性格有著密切的關係，而且，人們每天都喝的各種飲料裡，也藏著很多大家不知道的性格和心理祕密。下面就讓我們根據人們對不同飲料的喜好，看一看大家都屬於哪種性格吧。

（1）喜歡茶飲料的人

在中國，喝茶的歷史已經非常悠久，人們喝茶的習慣已經成為平常生活的一部分。一般而言，喜歡喝茶的人，大多內心細膩，對生活的追求充滿信心，並且，他們通常比較注重內在修養，喜歡沉思，為人處事清靜沉穩，他們往往比較喜歡慢節奏的、悠閒的工作和生活方式。

（2）喜歡可樂飲料的人

這種型別的人大多個性張揚，屬於時尚一族，無論多大年齡，他們都會保持20歲的心態，因此，他們給很多人的第一印象往往就是棒球帽、大T恤、牛仔褲。這種型別的人比較喜歡自由，無論是工作還是生活，他們不喜歡朝九晚五一成不變的節奏。

（3）喜歡咖啡飲料的人

這種型別的人通常比較有情調，很會享受生活。一般來講，他們會在努力工作的閒暇盡情地享受生活，並且，他們非常愛自己的家人，總是默默地付出，而從不說出來。此外，他們有自己的時尚風格，卻從不跟風，穿著不一定是名牌也不一定很貴，但絕對得體、有品味。這種型別的人無論是在家人面前還是在社交圈內，總是以領導者或核心者的身分出現，並且大家對他們往往言聽計從。

（4）喜歡奶茶飲料的人

這種型別的人往往有強烈的家庭觀念，非常重視親情和愛情，天生具有奉獻精神，雖然很懂得為別人無私付出，很適合跟需要關愛的人交往，但事實上，他們自己才是最需要得到別人關心的人。一般情況下，這種型別的人大都心思細膩，但是，卻非常怕麻煩，對於自己不擅長的事不喜歡動腦筋，或者往往採取逃避態度。

（5）喜歡果汁飲料的人

這種型別的人內心特別善良，總是喜歡做一些有趣的事或說一些甜言蜜語，像哄小孩一樣哄別人。他們注重外表而且忠守於習慣，就像他們不輕易改變生活一樣，他們可以忠貞不二地守護自己的愛情。

（6）喜歡氣泡飲料的人

這種型別的人通常腦筋機靈、講究時髦，思想比較前衛，談吐風趣，具有幽默感，不過，往往也有過於自鳴得意的一面。如果女性屬於這種型別，大多個性不穩定，不能掌握自己，自己的愛好常常隨著流行而不斷改變，但是，她們絕對是聰明、喜歡新潮打扮的新女性。而屬於這種型別的男性，則往往開朗、幽默，對新事物有著濃厚的興趣，同樣也是新潮一族。

日常生活中的一些小習慣或舉動，往往也會透露出人的性格祕密。比如，現在，人們經常在一起吃飯、聚餐，大家總要點菜，據心理學家分析，僅從點菜上就可以看出一個人的性格。因此，只要我們細心觀察、仔細揣摩，即使點菜這件普通的小事情，一樣可以幫助我們觀察一個人，了解他的內心世界和性格特徵。

下面，我們就透過幾個人一起去餐廳吃飯時的不同點菜方式，分析一下他們不同的內心世界和性格特徵。

（1）第一個點菜的人

一般來講，第一個點菜的人通常個性積極，做事主動，做事果斷，不拘小節，有很強的領導力和指揮才能，不論做什麼事，他們往往都走在前面。這種型別的人不是領導者就是大家比較尊敬的人，他們屬於大家信服、經常起領頭作用的人。

此外，如果是請客的人第一個點菜，他多半有兩種想法：一是想展示出自己對這家餐廳的熟稔，顯示自己請客定位的準確性；另一種就是想控制飯菜的價格額度。請客的人如果先看價格，然後迅速做出決定，說明他是一個理性的、合理型的人；如果他選擇自己想吃的菜點，說明他是一個十分會享受的人；而如果他比較了價格和菜品之後才做決定，則說明他是一個相當吝嗇的人。

（2）最後一個點菜的人

除了是依序點菜而輪到最後之外，習慣於最後點菜的人，大多缺乏自信，往往擔心被同伴所拋棄。他們不敢先於別人點，而又不敢不點，於是到了最後，他們只能附和著大家的意見點一個菜。儘管這種型別的人往往缺乏主見，但是他們合作意識很強，很多時候，會為了集體或他人的利益而自己甘願受委屈。

（3）點與別人同樣的菜的人

這種型別的人往往具有普遍的從眾心理，大多是順眾型的人，他們做事慎重，但對自己的想法沒有自信，往往忽視了自我的存在，容易受他人的影響，而順從別人的意見。

（4）點與別人不一樣的菜的人

這種型別的人在人群中的地位通常不是最高，很少輪到他們第一個點菜，而他們又相當有主見，往往也不會成為最後一個點菜的人。他們對自己很有自信，做事特立獨行，不會喜歡盲目地附和或順從別人，很多時候，他們為了表現自己的與眾不同，往往會點一些新式菜，來與他人進行區分。這種型別的人生活態度樂觀積極，不希望別人忽視自己，而且獨立性很強，好表現，有一定的個人英雄主義，往往缺乏團隊意識和合作精神。

（5）先請店員說明菜的情況後再點菜的人

這種型別的人做事積極，在做任何事之前，總是堅持自己的主張，他們討厭別人的指揮，自尊心比較強，並且做任何事情都追求不同凡響。但是，在處事待人方面，比較重視他人的感受，通常會顧及雙方的面子。

（6）先說出自己想吃的菜的人

這種型別的人胸襟開闊，性格直爽，為人不拘小節，即使是難以啟齒的事，他們往往也能夠若無其事地說出來。此外，他們有時說話會很尖刻，但往往不會被人嫉恨。這很可能與他們直爽的性格、不拘小節的為人等有關。

（7）猶猶豫豫，慢吞吞點菜的人

這種型別的人為人謙虛謹慎，做事一絲不苟，往往將安全放在第一位。他們通常能夠真誠地聽取別人的勸說，但很容易忘掉自己的觀點。這主要是因為他們過分地考慮對方的立場所導致的。

（8）先點好，再視情形而變動的人

這種型別的人往往給予人軟弱的印象，他們在工作、交友等方面都十分小心、猶豫，因此很容易給予人優柔寡斷的感覺。他們通常想像力比較豐富，但往往太拘泥於細節，缺乏掌控全局的意識，所以，他們的想法大多時候難以實現。

不同性格的人有不同喜好，從一個人的喜好，我們往往可以窺知他是一個怎樣的人，而一個人對酒的喜好，恰恰最

容易反映他的性格。正所謂：「酒逢知己千杯少。」朋友聚會，飯局應酬，彼此之間難免推杯換盞，此時，我們不妨透過大家對酒的選擇，觀察一下他們的性格和心理特徵。

（1）選擇啤酒的人

這種型別的人通常處事靈活，愛取悅他人，具有服務精神，樂於為他人服務，與周圍的人都談得來，也容易獲得別人的好感，因此，他們往往朋友遍布天下。此外，他們的外表雖然看上去有點酷，但實際上卻是百分之百的性情中人。

（2）選擇中式白酒的人

這種型別的人性情率直，具有活力，無論是工作還是玩樂，往往都會積極參與，並且，他們心裡藏不住祕密，連自己的私人祕密都會輕易地告訴別人。由於這種有趣的個性，他們因此而交際廣泛，朋友很多，但是，他們往往缺乏耐心和細心。如果男人屬於這種型別，他們往往就像可愛又任性的大男孩，要求伴侶要尊重他的生活方式，使他們的伴侶身心疲憊，兩個人的世界因此而經常風波不斷。

（3）選擇紅酒的人

這種型別的人大多是現實主義者，通常不懂得浪漫但很穩健、很實際，凡事都會著眼於現在，幹勁十足，想做就做，他們對金錢和權力往往非常執著。

（4）選擇白酒的人

一般而言，這種型別的人大多喜歡追求夢想和理想，但是，常常因為忽略細節而喪失良機。屬於這種型別的女性，通常都是很好的伴侶；如果男性屬於這種型別，則往往比較花心，是談戀愛的「好手」，他們非常懂得如何運用鮮花、甜言蜜語和禮物去討好女性。

（5）選擇香檳酒的人

這種型別的人往往比較挑剔，喜歡追求華麗、高貴，是不滿足於平凡的人，他們對異性的要求通常也很高，即使是作為普通的朋友，他們往往也要求對方具備一定的條件，比如，對事物要有自己獨到的見解，個人品味要不落俗套等等。屬於這種型別的男性，大多社交活躍，並且有見識，非常懂得享受生活。

（6）選擇雞尾酒的人

這種型別的人大多比較敏感，屬於善於玩樂的新新人類，或者重視情調的浪漫主義者，平時做事側重感覺，不太理智，他們很容易被感情牽制，或被環境所左右，通常是沒有主見、缺乏照顧別人能力的人。但他們非常有責任感，是值得信賴的人。

（7）選擇威士忌的人

這種型別的人大都屬於樂天派，開不開心都會展露在臉上，其他人一下就會看穿。他們適應性強，能夠充分地採納他人的意見和建議，並且出人頭地的願望相當強烈，只要有機會，他們就渴望賺大錢，或得到上司的認可。

（8）選擇威士忌加水的人

這種型別的人通常是重視與別人互動的交際型現代人，處事非常靈活，極度重視人與人之間的和諧，他們一般不會與其他人發生爭執，在聚會和宴會時，他們非常善於製造氣氛和融洽關係，並且，他們在工作上具有敬業精神，很容易讓人產生好感。

（9）選擇威士忌加冰的人

這種型別的人性格開朗，大方慷慨，不會裝腔作勢，與人互動時通常好惡分明，即使對方是異性，他們也不會有所收斂，因此，他們很容易得罪人。此外，他們凡事都以實用為本，是實用主義者。

（10）選擇蘇打水的人

這種型別的人通常自尊心都很強，不甘平庸，不能忍受平靜、單調的生活，十分有理想、有抱負，他們往往運用自己的知識和能力，致力於更加豐富多彩的生活。

（11）選擇不喝酒的人（酒精過敏者除外）

這種型別的人害怕酒後吐真言，因此，隨時要讓自己保持清醒。他們通常比較頑固，不願聽從他人的意見，並且，他們往往也不會隨便表露自己的真實感受。與這種型別的人相處或互動，讓人十分很費心思，性子急的人（尤其是女人）常常會無所適從。

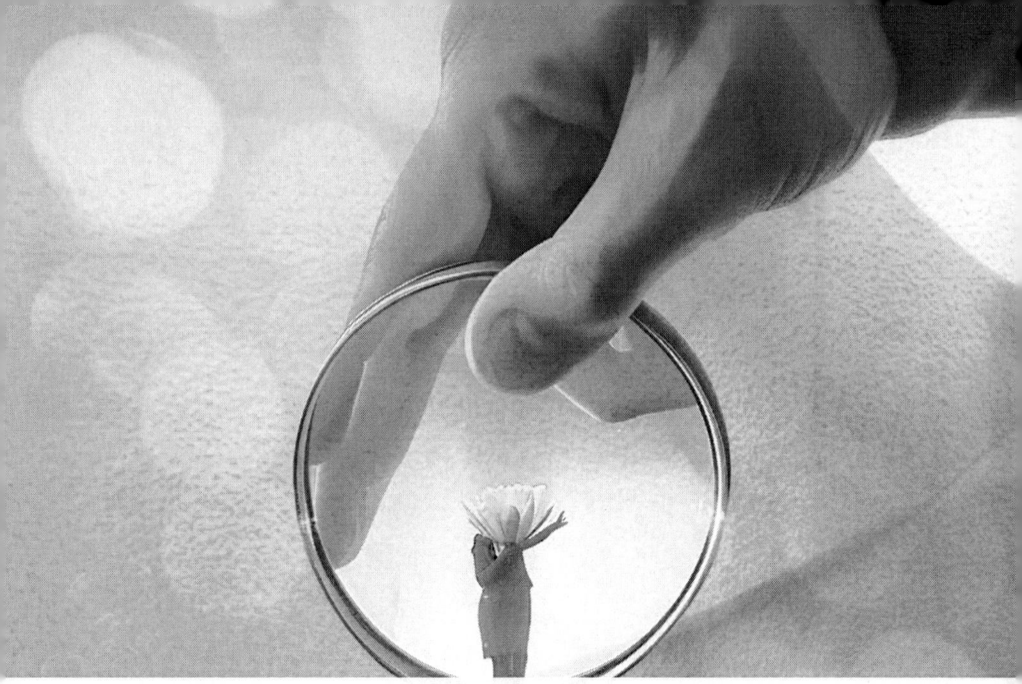

第二章

從生活習慣看人識人

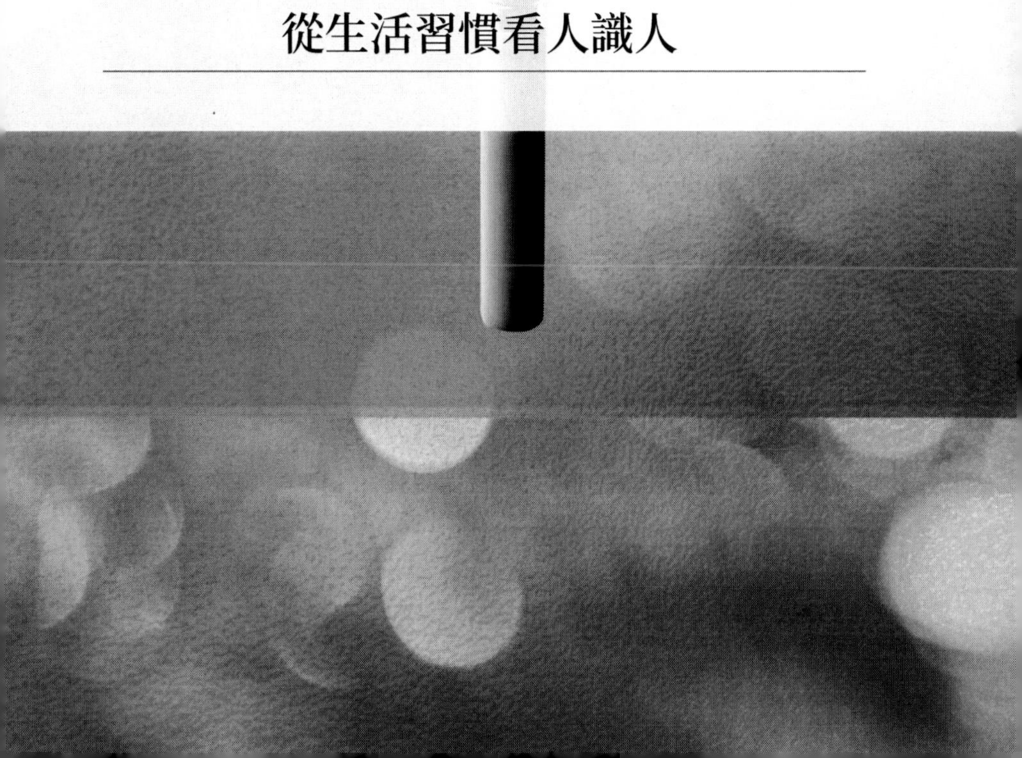

人們在日常生活中的很多細節，都是未經過刻意的掩飾、雕琢而自然流露出來的，因而，最能反映一個人的性格、喜好。要想了解一個人，千萬不要忽視了這些不起眼的生活細節。正如一句西方名言所講的那樣：「性格其實就是習慣的綜合，是你習慣性的表現。」所以，透過觀察日常生活中的這些細節，我們可以快捷、準確地認識一個人。

刷牙是日常生活中的一件小事，基本上每個人每天都要刷牙。刷牙雖然是一件微不足道的小事，但絕非無足輕重。習慣了刷牙的人，如果突然停止了刷牙，不僅對身體健康不利，而且人的心情也會很不舒服。更重要的是，據心理學家研究發現，人們刷牙的方式、次數等習慣，往往與其性格、心理等有著密切的關聯。

（1）左右刷牙的人

大多數人都知道，這種刷牙方式是不科學的，它不能夠有效地刷掉汙垢，也不能很好地保護牙齒。但事實上，用這種方式刷牙的人卻不在少數。是這些人不知道這樣刷牙是錯誤的嗎？其實，只有少數人確實不知道，而大部分人卻是「明知故犯」。

這種型別的人有點食古不化，有很強的好勝心，往往為了跟別人區分開，明明知道自己犯了錯，而故意唱反調，讓自己繼續錯下去。因此，他們通常會有許多掩飾性的行為，並且，人際關係大多比較差。很多時候，他們一點也不喜歡自己的工作，但是往往不敢換工作，還要擺出一副敬業樂業的樣子。

（2）上下刷牙的人

這種型別的人樂觀自信，待人和善可親，並且十分有進取心，非常懂得自愛，從小就知道怎樣安排自己的生活，為自己爭取應得的利益。他們尊重規則，討厭不公平的競爭手段，通常不會讓他人占自己的便宜，也絕不會無緣無故地接受他人給自己的好處。在別人眼裡，他們往往相當友善、快活，沒有什麼心機，是值得信賴的人。這種型別的人大多擅長處理各種人際關係，不論在家裡還是在外面，他們總能夠恰到好處地處理這些人際關係。

（3）只在早上刷牙的人

這種型別的人很注重自己的外在形象，也很在意自己留給他人的印象，以及他人對自己的評價。他們總是力爭在別人面前表現出自己最好的一面，從小就習慣於以別人對他們的期望作為自身奮鬥的目標。這種型別的人往往很懂得生活，衣食住行都非常講究，有很強的自制力，能夠把事情處理得很好，因此，在別人面前總是能夠表現得非常優秀、出色。

（4）只在晚上睡覺前刷牙的人

這種型別的人之所以刷牙，僅僅就是為了保護好自己的牙齒，避免產生蛀牙。他們大多屬於腳踏實地、實事求是型別的人，喜歡以最少的時間和精力來完成最多的事情，討厭說空話、廢話的人，他們對自己、對他人都不太挑剔，做事不太注重完美，差不多即可。不過，他們為人的信譽很好，在與人溝通時，他會清晰地表達自己的立場，但不會做過多的解釋，並且，他們通常說話算數，不多說、也不少說，「說到做到」是他們做人的信條。

（5）定期洗牙的人

這種型別的人非常注意自己的外表，在衣著方面，追求天衣無縫的搭配，對名牌有特殊的執著喜愛，希望在別人心目中留下良好的形象。同時，他們會花費為數不少的金錢和精力去布置自己的家。有時候，他們往往會非常自以為是，喜歡從自己的立場去看待別人的言行。不過，他們對人生的要求不高，只要表面風光就行。

（6）每天刷牙三次或以上的人

日常生活中，有的人不僅早上和晚上刷牙，而且，飯後刷牙，甚至吃點東西就刷牙。他們每天的刷牙次數基本都在三次以上。這種型別的人並不是有潔癖，而是缺乏自信心、自主性和安全感，並且，有點神經質。他們對許多事情都覺得自己做得不夠好，總是喜歡重複地做或者做完之後反覆檢查，即使這樣，他們也不會完全放心。很多時候，他們會為同一件事情，一而再、再而三地請求別人幫他出主意。

我們知道，從生活中的一些小細節、小習慣，往往可以看出一個人的性格、特質、愛好等。人們的這些性格特徵，真的是無處不在、無微不現，即使擠牙膏這樣最平常最簡單的舉止也不例外。心理學家經過長時間的觀察發現，從一個人擠牙膏的習慣，也可以看出他的性格。

（1）從中間擠牙膏的人

這種型別的人大多是現實主義者，往往比較注重眼前，有著強烈的享樂主義思想。他們活潑好動，能言善辯，愛開玩笑，但是，他們通常沒有長遠的打算，缺乏人生規畫。

（2）從底部擠牙膏的人

這種型別的人通常都是腳踏實地的人，生活一般很謹慎小心，很有目標，會朝著自己既定的目標前進。他們做任何事都井井有條，不喜歡太冒險，喜歡安穩的生活，並且，凡事都有一種危機感，在處理艱難的工作時，非常有耐心。因此，他們在事業上往往比較容易成功。

（3）從管口開始擠牙膏的人

有些人在擠牙膏的時候，總是先從管口開始擠，管口擠不出來了，就在鼓的地方壓一下，然後再從管口開始擠。這種型別的人做事沒有章法，心裡老是抱著船到橋頭自然直的信念，不會去謀劃未來，總是走一步算一步。正如他們不知道自己的牙膏還能用多久一樣，他們往往不知道自己以後的生活會怎樣，生活充滿了不確定性。

（4）把牙膏捲起來擠的人

這種型別的人是比較難以取悅的一類人，他們對任何事情都挑三揀四，喜歡追求十全十美，對自己要求很高，甚至苛刻，然而，他們對別人的優點卻從不輕易表示讚賞。

（5）沒有規律亂擠的人

生活中，常有人在擠牙膏時，沒有任何規律可言，有時從前面擠，有時從後面擠，有是從中間擠。這種型別的人個性隨意，喜歡心血來潮，常常會為自己制定一番宏偉計畫，但通常堅持不下來，對自己要求不嚴格，習慣會隨環境或周圍人的影響而游離不定。

（6）擠很多牙膏的人

有的人在擠牙膏時，擔心自己的牙膏不夠用，總是使勁地擠，直到牙刷上沾滿了牙膏，不能再擠了才會停下來。通常，這種型別的人對自己缺乏自信，對社會缺乏安全感，總是覺得生活中充滿了不安定的因素。但也有少數的人是故意在擺闊氣，極度的揮霍會讓他們體會到幸福的感受，對他們而言，即使生活超支，只要能夠付清信用卡上的帳單就可以了。

（7）擠很少牙膏的人

這種型別的人則與前者恰恰相反，他們擠牙膏只要夠用即可，通常寧願少一點，也絕不會多浪費一點。他們能算會花，在買東西的時候，他們喜歡花更少的錢買到跟別人同樣的商品，特價或打折商品是他們的最愛。同時，他們節儉成性，對勤儉持家有著深刻的理解，任何東西只要還有一點用途，他們就捨不得丟棄。

（8）擠盡最後一點牙膏的人

這種型別的人看似跟前一型別的人很相似，其實他們大不相同。實際上，他們並不是很節儉，但是卻很討厭浪費。他們緊緊掌握住生命中的一點一滴，總會把那些東西使用到極致。這種型別的人做事十分認真，規規矩矩，甚至有點吹毛求疵的傾向，但他們的生活忙碌而充實，有時會讓人覺得他們過於苛刻。

當今社會，人們通常要面對各式各樣的生活壓力，為了緩解現實生活中的緊張情緒，人們普遍選擇抽菸作為減輕壓力的一種途徑。儘管抽菸有害健康，但是許多人依舊我行我素。透過觀察人們抽菸的習慣，我們往往可以清楚地了解一個人的內心世界和性格特徵。

下面，我們從拿菸的方式、抽菸的方式、吐煙的方式、抖菸灰的方式和熄菸的方式等五個方面，一一進行分析。

(1) 拿菸的方式

不同的拿菸方式，是觀察、評判一個人性格特徵的重要依據。國外心理學家經過長時間研究分析發現，人們拿菸的方式通常有八大型別：

A. 把香菸夾在食指和中指的指尖上

這是最常見的拿菸方式。這種型別的人通常性情平靜、踏實，親切自然，特別愛乾淨，甚至有點女人氣，對小事很操心。但是，他們往往為人消極且有點神經質，決斷力和意志力不夠強，很容易隨波逐流，因此，儘管他們有很好的構想，但常常缺乏實踐的積極性。

B. 把香菸夾在食指和中指的中間部位

這種型別的人大多是行動主義者，自我意識很強，不太善於協調人際關係，因此容易引起他人的誤解和反感。

C. 把香菸夾在靠近食指和中指的指根

這種型別的人為人積極，做事乾淨俐落，富有男子氣概，而且愛幫別人忙，很得周圍人的信任，但他們往往喜歡隨心所欲，想做的事總是盡力去做，並且只要遭到一次失敗就會失去自信，走向極端，自暴自棄。

D. 把香菸夾在大拇指與食指的指縫裡（手心向外）

這種型別的人心腸很軟，極富有同情心，不善於隱藏，有什麼說什麼，但他們大多善於社交，與任何人都談得來，且很投機。不過，他們雖然說起來頭頭是道，卻往往缺乏積極行動的熱情，所以很多事情常常半途而廢。

E. 把香菸夾在大拇指與食指的指縫裡（手心向裡）

這種型別的人處處抱有攻擊性，處事的警覺性很高，在他人面前很少說真心話。但是，他們一旦下決心做某件事，通常會義無反顧，而且態度十分謹慎，從計劃到實行要花很長時間。

F. 用拇指、食指和中指拿著

這種型別的人頭腦聰明，工作作風幹練，但性情比較冷漠，有時候，由於他們過於驕傲、自我，會讓人覺得很不快。

G. 把香菸叼在嘴邊

這種型別的人做事缺少思考，容易輕信他人，時常上當。並且，他們經常神經兮兮的，不論什麼事，也不論這事是否與他們有關，他們都會插嘴，自找麻煩。從外表上看，他們為人處事似乎非常積極，是說得到做得到的人，可事實上，他們經常說出一些不切實際的話，而且很容易犯錯誤。

（2）抽菸的方式

香菸對人們的誘惑，實在是讓很多人難以割捨，特別是男人。香菸似乎已經成為男人具有魅力的象徵之一。從每個人各不相同的抽菸姿態，我們也可以清楚地看出每個人不同的心理特點。

A. 把香菸叼在嘴巴左端

這種型別的人通常比較有城府，而且計畫性很強，心眼比較多。

B. 把香菸叼在嘴巴右端

這種型別的人大多思考敏捷，能夠迅速下決斷，行動出手很大膽，常常讓人覺得出其不意。

C. 把香菸叼在嘴唇的中央，並向上銜著

這種型別的人比較愛慕虛榮，即使他們有相當踏實的外表，也常常會做一些超出自己能力範圍的事情，到最後往往自食苦果。

D. 把香菸叼在嘴唇的中央，並向下銜著

這種型別的人理性遠遠大於感性，為人處事很踏實，通常喜歡按著自己的節奏去推進事情，因此，他們做任何事絕不會強人所難。

E. 咬菸頭，用唾液溼潤菸捲

這種型別的人多見於男性，性格中往往殘留著不成熟的幼兒習性。他們通常屬於自虐型的人，一旦出了什麼問題，往往把一切責任都歸罪到自己頭上。這種型別的人雖然有一定的辦事能力，但由於他們往往操之過急，常常會因此而妨礙個人的發展。

F. 嘴上叼著菸工作

這種型別的人對自己的生活現狀和工作十分滿意，並且充滿了希望。這種型別的人多見於律師或記者。可是，如果他們的能力，一旦沒有得到他人的認可，他們很快就會有強烈的反抗或意志消沉的表現。

（3）吐煙的方式

吐煙是人們抽菸過程中一個重要的動作，它延長了人們思考問題的時間，是一種很好的舒解壓力和緊張的動作。因此，在觀察一個人時，吐煙的方式也發揮著舉足輕重的作用。

A. 朝上吐煙

據說，吐煙的速度與情緒積極的程度成正比，吸雪茄的人多半是朝上吐煙的。因此，這種型別的人通常比較積極樂觀，十分自信。

B. 朝下吐煙

這種型別的人通常性格溫厚，態度溫和，對人際關係非常細心和在意，但是，他們往往情緒消極、意志消沉，常常會給人一種消極而詭祕的感覺。

C. 朝正前方吐煙

這種型別的人富有挑戰精神，並且自信心十足。當他們感覺到對方有攻擊心理的時候，常常用這種方式表示無視對方。

D. 從鼻孔或嘴角兩端吐煙

這種型別的人對工作的熱情起伏不定，他們常常用這種方式表現自己自信、優越及一種得意的心情。他們通常喜歡能夠一決勝負的事情，但往往做任何事都無法順心如意，他們常因自己的欲求不滿而煩惱不已。

（4）抖菸灰的方式

抖菸灰這個細微的動作，通常也是了解一個人的關鍵步驟，因此，我們在觀察、了解一個人時，千萬不能漏掉了這一點。

A. 即使菸灰很短，也要抖落

這種型別的人通常精神壓力比較大，但他們的這些精神壓力，往往來源於他們自身不能輕鬆對待事情。

B. 菸灰很多時，才會抖落

這種型別的人缺乏足夠的精力，做任何事大都小心翼翼。如果偶爾發生一次這種情況，通常是因為抽菸者在思考問題，暫時忘記了抖菸灰。

C. 抽得起勁，頻繁地抖菸灰

這種型別的人往往有一點神經質，但他們小心謹慎，做事通常很認真。

（5）熄菸的方式

了解一個人一定要全面，萬萬不可一竿子打翻一條船，下面，我們不妨再從他熄菸的方式，來探測一下他的個性特徵。

A. 用腳踩滅香菸

這種型別的人往往具有攻擊性，不肯輕易服輸。並且，他們具有性虐待的一面，無論發生什麼事，他都想吸引別人的注意力，誘惑周圍的人。有時他們會刻意追求一些新異的刺激來自我滿足。

B. 用水澆滅香菸

這種型別的人具有神經質的性格，很容易走兩個極端，他們既有對自己要求完美的一面，也有不修邊幅的時候。他們平日裡看起來很沉靜，可是，一旦行動起來往往非常迅速，常常會讓他人大吃一驚。由於他們做事時太過於考慮他人的感受和追求事情的完美結局，因此，到最後常常因為考慮得過於周到，反而損失了一些不該損失的東西。

C. 香菸還燃著，就直接丟進菸灰缸

這種型別的人常常以自我為中心，缺乏協調性，自我控制力不強，經常將自己的感情任意表現出來或強加於人。此外，他們自由散漫，做事不負責任，不顧及旁人，經常在不經意間傷害他人。

D. 把香菸直直地按在菸灰缸裡捻滅

這種型別的人把工作和娛樂、戀愛和婚姻分得很清楚，他們通常不會感情用事，做任何事情都會界限分明。

E. 敲打菸頭，把有火的部分在菸灰缸裡弄滅

這種型別的人比較慎重，但往往缺乏自己的主張，總想藏在別人的背後，附和他人。

總而言之，一個長期抽菸的人，即使再會偽裝、掩飾，只要他還在抽菸，就很難將他的真實性格和心理偽裝、掩飾起來。因此，我們就可以透過他抽菸的各種習慣，從中看出他的性格特徵和內心世界。

在日常生活中，基本上每個人都會洗澡，洗澡不僅能清除汗垢油汙，消除疲勞，而且還能舒筋活血，改善睡眠，提高人體的抗病力。一個人通常在什麼時候洗澡、選擇什麼樣

的洗澡方式等習慣，往往都會透露出其內心的祕密和性格特徵。你如果不相信的話，就一起來印證一下吧。

（1）洗澡的方式

如今，洗澡已經不再是洗掉汙穢那麼簡單的事情，人們發明了許多花樣繁多的洗澡方式，比如，淋浴、盆浴、蒸氣浴等，而這些不同的洗澡方式，其實都與他們的個性有關。

A. 喜歡冷水淋浴的人

這種型別的人一般頭腦冷靜，善於思考，具有很強的分析推理能力，並且，他們不喜歡強烈的感覺左右自己的判斷能力。他們有著比較強的自制力，非常善於控制自己的情緒，在面對事情時，他們往往都能夠理智、冷靜地對待。但是，在別人面前，他們經常會以自己有理性、有邏輯為傲。

B. 喜歡熱水淋浴的人

生活中，有些人不分寒暑，總是喜歡把水溫調得很高才淋浴。這種型別的人在生活中很常見，他們一般比較感性，容易感情用事。並且，他們性格外向，喜歡熱鬧，愛與人互動，胸懷開闊，為人大度，人際關係很好。但是，不少人會因為他們過度的熱情而被嚇跑。

C. 喜歡在浴缸裡泡澡的人

這種型別的人大多喜歡自由自在的生活，討厭束縛，不喜歡遵循傳統的規範，比較喜歡以自己的方式生活。此外，他們在性格上比較叛逆，自我意識很強，但不善於掩飾自己，是很單純的人，只要誰稍稍對他們好點，便很容易受感動，不管對方是怎樣的身分，都容易對那人掏心掏肺。

D. 喜歡蒸氣浴的人

這種型別的人沉穩自信，心思縝密，善於思考，觀察能力和判斷能力都很強，遇到問題時，能夠迅速地掌握住事物的本質，找到解決問題的辦法，並很快地付諸實施。他們往往相當有內涵，並且通常都會很忙，在事業比較容易獲得成功。

E. 喜歡按摩浴的人

這種型別的人通常認為，錢是賺來用的，快樂的人生就應該盡情地享受，因此，他們比較喜歡追求物質上的享受，對人生有著極高的追求。他們大多性格叛逆，喜歡按自己的想法去行事，為人處事很難讓人理解，但是，他們大多適應能力很強，能快速地接受新事物，對未知的事物有很強的好奇心。

F. 喜歡去游泳池或公共浴室洗澡的人

這種型別的人自由開放，自我意識很強，通常不甘心寂寞與孤獨，比較喜歡透過競爭彰顯自己的實力，甚至做一些別人認為極度隱私的事情，他們也會選擇人多的地方。

（2）洗澡的時間

其實，每一個微小的習慣，都會透露出一個人的祕密，洗澡也不例外。也許，你並不知道，從一個人所選擇的洗澡時間，往往也可以看出他的性格特徵。

A. 喜歡在飯前洗澡的人

這種型別的人喜歡在洗完澡之後，安排許多事情，比如，吃飯、看書等，他們通常規劃能力比較強，具有很強的領導能力，凡事喜歡速戰速決，並且，喜歡按部就班地將所有規劃的事情做好，討厭拖拖拉拉、辦事延時的人。

B. 喜歡在飯後洗澡的人

這種型別的人屬於慢條斯理的人，做事慢吞吞的，比較喜歡享受洗澡的樂趣，並且，他們通常頗具領導能力，為人處事不會情緒化，對事物的喜惡不易表現出來。

C. 喜歡在看完電視後洗澡的人

這種型別的人屬於「先享受，其他事後再說」的人。他們應變能力比較強，很多事情往往事到臨頭了，才開始邊盤算邊做決定。此外，這種型別的人比較重視滿足自己的欲望，喜歡把目標定到接近完美的境界，但由於他們做事的態度十分踏實，不好高騖遠，因此，這些目標往往也可以實現。

D. 喜歡在睡覺前洗澡的人

這種型別的人屬於審美型的人。他們通常喜歡追求溫柔、美麗的感情，其情感故事往往具有極其浪漫的色彩。同時，他們比較喜歡獨來獨往，不習慣過團體生活，並且，在生活方面也不喜拘泥於形式，對美的事物有相當大的渴望。

E. 喜歡在起床後洗澡的人

這種型別的人屬於經濟型的人。他們通常對數字很敏感，比較精明，善於理財，做什麼事之前，總是先評估一番，準備周全之後才開始行動。他們最關心的是金錢和財產。

F. 喜歡與家人排序洗澡的人

這種型別的人屬於社會型的人，通常具有很好的協調、溝通能力。他們在處事時往往會換位思考，站在別人的立場為其設想，因此，與人相處得非常和睦、融洽。此外，他們通常能接受別人的意見與看法，比較習慣接受他人的安排。

我們不少人大概都有過這樣的經歷：在無聊、苦悶或者煩惱的時候，常常喜歡在紙上隨便地塗塗寫寫。經過心理學家多年的研究證實：這種無意識的隨手塗寫，恰恰能真實地顯示出塗寫者真實的心理和個性。

（1）喜歡畫三角形的人

這種型別的人大多思考活躍，頭腦聰明，反應靈敏，並且，理解能力和邏輯思考能力比較強，通常能夠舉一反三，在事物稍露端倪的時候，就能對其結果做出正確的判斷。但是，他們往往缺乏耐性，容易急躁、發脾氣。

（2）喜歡畫圓形的人

一些人在畫圖形時，很有特點，即使是信手亂畫，多半也都是圓形。這種型別的人大多有很強的創造力和很豐富的想像力，並且，凡事都有一定的規畫和設計，喜歡按照事先的準備行事。同時，他們性格深沉，不喜歡張揚，比較善於掩飾自己，而且很有頭腦，極善於思考，做事認真踏實，具有實作精神，為人謙虛，待人和善，因此很受人歡迎。

（3）喜歡畫波浪線的人

這種型別的人個性隨和，反應快，適應能力很強，能適應不同的環境，對自己的所作所為感覺良好。而且，他們很善於自我安慰，遇到事情往往願意往好的方面去想。

（4）喜歡畫幾何圖形的人

這種型別的人大多具有十分嚴密的邏輯性，善於思考，而且他們的組織能力相當強，但有時也會讓人產生錯覺，認為他們太過於執著自己的信念。

（5）喜歡畫對稱圖案的人

這種型別的人在潛意識裡比較習慣遵守規則，做事小心謹慎，並且認真、負責，很有遠見和很強的計畫性，不喜歡亂糟糟的情況，一切工作都預先計劃，井井有條。他們性格內向，為理智、冷靜，不太善於交際，朋友不多，但感情都很好。

（6）喜歡畫很多小短線的人

有些人喜歡畫很多小小短短的線，這些線不是相互平行，就是成直角排列，而且線的周圍有一大片空白。這種型別的人往往缺乏安全感，他們對這個社會和自己所處的環境充滿了恐懼感，總是想方設法地逃避。

（7）喜歡畫一些像羽毛一樣彎曲造型的人

這種型別的人大多適應能力比較強，能夠很快地接受新鮮事物。他們時常會沉浸在某種幻想當中，有一點不切合實際的傾向。但是，當遭遇挫折或磨難時，他們往往能夠保持相對的冷靜，積極尋找解決的辦法，而不是不加思考，貿然動手。

（8）喜歡畫不規則曲線和圓形的人

這種型別的人通常心胸開闊，心態平和，對環境的適應能力很強，但往往又有點玩世不恭。

（9）喜歡畫不定型但稜角分明圖形的人

這種型別的人往往喜歡爭強好勝，競爭意識相當強，總是希望自己能夠勝人一籌，事實上，他們確實也在不斷地為此而努力。

（10）喜歡在一個方格內畫不規則線條的人

這種型別的人往往心理壓力比較重，情緒很低落，但是，他們對人生還抱有很大的希望，並沒有悲觀厭世的想法，而且一直在尋找辦法解脫自己，朝積極向上的方向努力。

（11）喜歡畫同一個圖形的人

這種型別的人有野心也有幹勁，有一股不屈不撓、不服輸的精神，在任何時候他們都知道自己在做什麼，一旦確定下了目標，就不會輕易地改變，即使遭遇了挫折，他們也絕對不會放棄，而是迅速調整心情，再去爭取。

（12）喜歡畫飛機、輪船等交通工具的人

從表面上看，這種型別的人似乎很喜歡旅遊或交通工具，而實際上，是因為他們陷入到了迷茫之中，在發洩自己的憤怒和挫折感。他們通常很消極，自信心不夠強，往往把希望寄託在他人身上。

（13）喜歡畫各種面孔的人

這種型別的人大多是藉畫畫在發洩自己內心的某種情緒。畫笑臉多的人，多半是知足常樂者；畫苦瓜臉多的人，說明他們內心非常混亂、痛苦；畫大眼睛多的人，則表現他們的生活態度非常樂觀等等。

（14）喜歡畫人的人

這種型別的人通常個性比較強，心態也不錯，喜歡與人互動，有不少朋友，但是，由於他們性情比較剛強，往往很容易得罪人。

（15）喜歡畫花草樹木的人

這種型別的人大多性情溫和，感覺敏銳，有很強的觀察力和鑑賞力，在文學、藝術等方面很有天賦，並且很容易獲得成就。但是，他們淡泊名利，功利心不強，也沒有過多的表現欲望，喜歡寧靜祥和的生活。

（16）喜歡畫各種動物的人

這種型別的人一般屬於好動型的人，往往不安於固定的生活，或眼下的生活狀況。如果經常畫奔跑的動物，則表示這個人在企圖逃避或迴避什麼。

（17）喜歡寫自己或他人名字的人

一般來講，如果經常寫自己的名字，則表示這個人有相當強烈的自我表現欲望，渴望受到他人的關注，而且他們會經常感到迷茫和無助，不知道自己該做些什麼，重複寫自己的名字是一種自我肯定，目的是克服目前困擾自己的某種情緒。相反，如果經常寫他人的名字，通常是在表達一種強烈的感情，比如想念、愛戀等。

閱讀是一個人必須具備的一種能力，同時，也是現代社會生活中一個人獲得成功的基礎。生存在終身學習的時代，面對日新月異的資訊和多元化的觀念，我們需要透過不斷的閱讀、學習才能獲得成功。而每個人不同的閱讀習慣，往往會顯露出一個人最真實、最本質的一面。因此，透過一個人閱讀的習慣，我們通常也可以準確地識別一個人。

就目前人們閱讀的內容來講，大家可能都比較喜歡讀報紙，而且，報紙的閱讀族群最為廣泛，也最為龐大，從讀報紙中同樣也可以看出一個人的性格。

（1）拿到報紙後立即閱讀的人

有些人一旦拿到報紙後，就會立即閱讀，不分時間、場合和地點，即使手中正在進行著其他事，也會暫時擱在一邊。一般來講，這種型別的人大多性格外向，開朗樂觀，精力充沛，工作大膽熱情，做起事情總是急急忙忙、勁頭十足，而且他們頭腦靈活，具有一定的適應能力，易於接受新事物，思想比較超前，常常會有一些大膽的想法，但是，他們不善於掩飾自己，常常喜形於色，且不甘寂寞，好出風頭，剛愎自用。

（2）拿到報紙後先瀏覽個大概的人

拿到報紙後，有些人只是先瀏覽個大概，然後就擱在一邊不看了。這種型別的人通常性格外向，樂觀風趣，具有一定的幽默感，而且興趣廣泛，善於交際，有一定的組織能力。但是，他們往往不甘寂寞，希望生活中永遠都有許多人和歡聲笑語，並且，他們做事馬虎，得過且過，缺乏自我約束能力，好惹是生非。

（3）拿到報紙後收起來不看的人

有些人將拿到的報紙往抽屜或衣服口袋裡一放，等到自己無事可做或心情煩悶時，才慢慢騰騰地把報紙拿出來，權當是一種消遣解悶的方法或工具。這種型別的人大多性格內向，多愁善感，甚至有一點孤僻，他們為人處事缺乏果斷的勇氣和魄力，因此，處事不果斷，工作缺乏魄力，而且不善於交際。但是，他們往往具有豐富的想像力，善於體察別人，而且思想比較單純，為人憨厚，具有一定的同情心，一般不會也不願意傷害別人。

（4）拿到報紙後先放起來，等忙完再看的人

有些人在拿到報紙後，先把報紙擱在一邊，盡快將手頭的工作辦好，然後再將報紙拿出來，一版一版地細細閱讀，看到比較好的內容，還會摘錄下來或做成剪報。這種型別的人性格內向，沉默寡言，也不善於交際，對他人漠不關心，因此，人緣不是太好。但是，他們注重實際，不尚空談，而且，自我約束能力強，辦事認真，有很強的獨立工作能力。

現在，手機的普及程度相當高，幾乎每個人都有一部手機，有的人甚至有多部。而人們放置手機的方式，往往也會流露出一個人的內心世界和性格特徵。因此，只要我們認真觀察一個人習慣性放置手機的方式，就可以輕而易舉地看透他的心理和個性。

（1）喜歡把手機一直拿在手上的人

一些人不論是否打電話，總是喜歡把手機一直拿在手上，他們其實就是我們常說的「手機一族」，手機幾乎就是他們身體的一部分，他們不僅用手機打電話，而且還用手機玩

遊戲、上網、看電影等。這種型別的人大多比較年輕，好奇心很強，並且他們精力充沛，做事認真，不怕危險，喜歡忙碌而充實的生活。他們比較喜歡熱鬧的地方，而且喜歡與人互動，比較重感情，但是，偶爾會比較衝動、任性，往往會表現孩子氣的一面。

（2）喜歡把手機放在上衣口袋裡的人

這種型別的人比較喜歡把手機放在上衣口袋裡，如果上衣沒有口袋，他們則會把手機放在褲子口袋或直接拿在手上。他們大多比較穩重，做事腳踏實地，不疾不徐，對自己很有信心。他們富有遠見卓識，能夠從大局著眼，思考問題比較全面，而且會盡一切努力讓自己的生活朝著他所預定的目標前進。同時，他們待人相當有禮貌，很重視別人對自己的看法，因而，往往對自己的外在形象非常重視，甚至不容許有半點瑕疵。

（3）喜歡把手機掛在腰間的人

喜歡這樣放置手機的人，大多是男性，他們對自己十分有自信，生活態度比較樂觀、積極，而且想像力豐富，很有創造性，經常會有一些出人意料的想法。一般而言，這種型別的人都很有主見，對自己選擇的人或事，會堅持不懈地追求，並往往能夠獲得成功。喜歡把手機掛在腰前方的人，通常對生活中的所有事物，都有一套自己的獨特想法和做法，對生活的態度是坦率而真誠的；而喜歡把手機掛在腰後方的人，雖然對生活也很有創意，但他們喜歡凡事都留一手，不將事情完全說清楚。

（4）喜歡把手機放在褲子口袋裡的人

這種型別的人個性溫和、友善，待人親切，但是，他們善於掩飾自己，對周圍的人通常持有不信任的態度，常常帶著強烈的防衛心理。他們感覺敏銳，感情豐富，但是，為人處事比較情緒化，而且還有一些多愁善感。

（5）喜歡把手機放在包裡的人

有些人喜歡把手機放在背包、手提包或者公事包裡，這種型別的人通常比較傳統，自尊心很強，很少主動與人互動，讓人覺得他們不夠熱情。他們通常對自己很有信心，做事往往深思熟慮、小心翼翼，而且有著很強的獨立性，對自己的要求很高，喜歡追求完美。

（6）經常忘帶手機的人

有些人使用手機的頻率雖然也很高，但他們經常把手機忘在家裡或辦公室，甚至落在其他地方。這種型別的人之所以經常忘帶手機，並不是因為他們有健忘症，而是源自他們大而化之的個性。他們是典型的樂天派，性格外向，開朗活潑，對任何事都看得很開，並且很有親和力，人緣非常好，喜歡交朋友。他們在生活上比較粗心大意，馬馬虎虎，不過工作起來卻一點也不含糊。因此，他們在職場上一般都比較成功、出色。

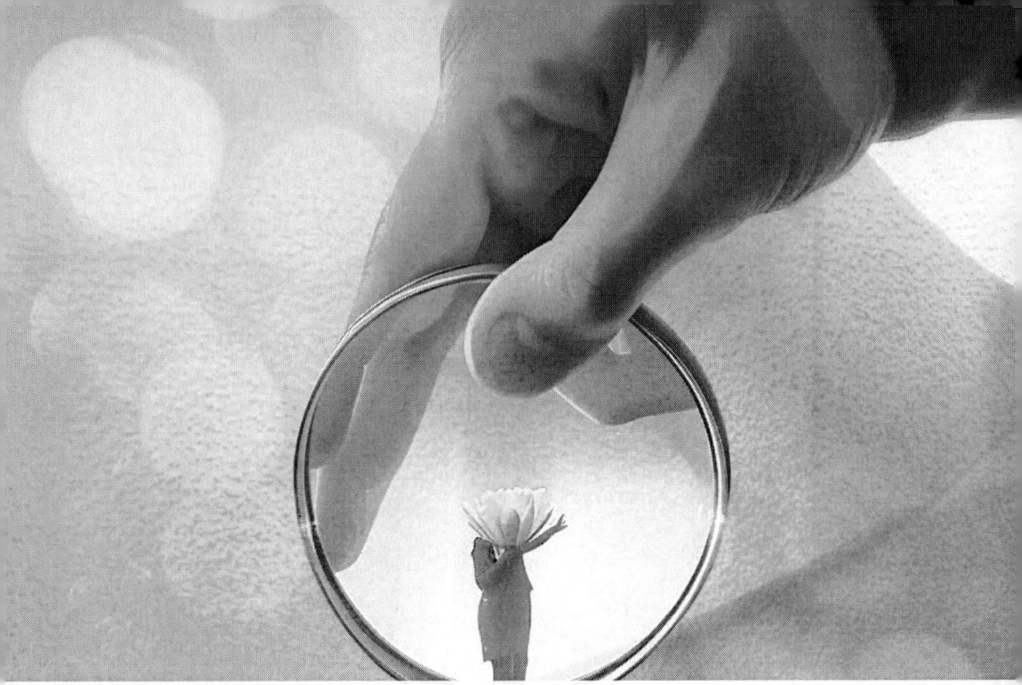

第三章

從興趣愛好看人識人

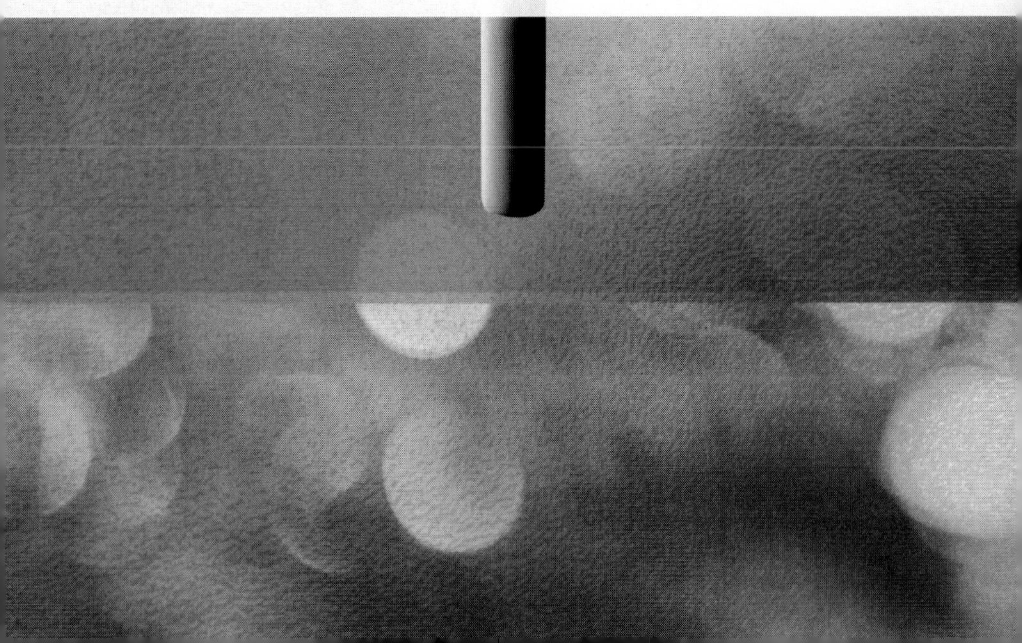

幾乎每個人都有自己的興趣和愛好，據心理學家調查研究發現，一個人的興趣、愛好，往往能夠真實地反映該人的性格特徵，並且能夠直接透露出他的內心世界。因為，一旦涉及到自己的興趣、愛好時，往往是一個人個性最張揚、防衛心理最鬆懈的時候，所以，真正了解一個人的最好方式就是從他的興趣、愛好著手，不僅能夠近距離地看清楚他的真實面目，而且遇事還可以找到有針對性的解決辦法。

我們多姿多彩的生活，就像一個大型的萬花筒一樣，充滿了各式各樣的色彩，這是生活的色彩，也是每個人心靈的色彩。在心理學上，色彩有著很重要的意義。不同的人會喜歡不同的色彩，而不同的色彩往往會影響一個人的性格和情緒。因此，我們可以透過色彩這種特殊的指示燈，從人們對不同色彩的喜歡，觀察他們的性格和心理。

（1）喜歡紅色的人

紅色是一種刺激性比較強烈的色彩，通常象徵著願望、生命和熱情，意味著燃燒的欲望和追求成功的衝動。對於大多數喜歡紅色的人而言，他們屬於精力旺盛的行動派，熱情、大膽、活潑、新潮，對流行資訊感應敏銳，容易感情用事（也就是說，喜歡我行我素），常常稍微不順自己的意，就會生氣，他們為人熱情奔放，有強烈的感情需求，希望獲得伴侶慰藉。不過，這種型別的人往往不善於思考，喜歡浮誇、吹噓，相當注重自己的外表修飾，有追求物質欲望的傾向。

（2）喜歡黃色的人

黃色通常象徵著溫暖的陽光，能夠為人們帶來快樂和希望。這種型別的人大多具有語言天賦，能說會道，並且寫得一手好文章，無論說話寫文章，都邏輯清晰，道理淺顯，通俗易懂。同時，他們個性積極，喜歡冒險，並且性格開朗，天真無邪，好奇心強，善於交際，喜歡結交朋友，具有幽默感，是達觀、樂天的社交型人物。他們喜歡新鮮的東西，對生活很樂觀，凡事喜歡朝積極的方面想，討厭消極悲觀的人。但是，他們往往有撒嬌的心理傾向，希望依賴他人、博得他人歡心等方面的欲求比較強烈。

（3）喜歡藍色的人

藍色往往能夠為人帶來無限的遐想空間，而且總會給人一種平靜、安詳的感覺。這種型別的人通常都是比較有理性的人，在面對問題時常常臨危不亂，能夠將衝突默默地化解掉。他們總是一副乾乾淨淨的面容和整潔瀟灑的裝束，以頗有品味的形象博得別人的好感。同時，他們態度明朗、誠實，十分容易信任別人，而且很渴望得到別人的信任，做事情比較理智，不會衝動，偏向中庸，留有迴旋餘地。

(4) 喜歡綠色的人

綠色象徵著生機和希望。這種型別的人為人嚴謹、安分，偏重於理性，他們做事認真、穩重，意志堅定，不會輕易動搖或改變自己的想法，同時，他們堅韌、有耐心，凡事按部就班，使用金錢也頗有計畫性，因此，能在穩定中發展事業。但是，他們經常不苟言笑，害怕獨處，比較喜歡過群體生活，很擅長與周圍的人保持良好、和諧的關係。

(5) 喜歡紫色的人

紫色象徵著權力，並且含有浪漫的情調和高貴的氣氛。這種型別的人通常很多都是藝術家，多愁善感、愛幻想，渴望羅曼蒂克，渴望奇遇，在心理上和感情上比較不成熟。他們大多有著豐富的感情，常容易濫用感情，以至造成很多不必要的誤會。此外，他們內心非常堅強，但外表很平和沉靜，往往對卜卦、算命等懷有濃厚興趣，很容易相信這一套。

(6) 喜歡橙色的人

橙色往往能夠帶給人一種明朗的感覺，使人精神振奮，心情愉悅。這種型別的人大多比較開朗，溫厚隨和，能替別人帶來愉快的心情，因而非常惹人注目。他們有時給人的第一印象非常豪爽、大度，事實上，他們通常也非常細膩、敏感。另外，再加上他們積極主動，風趣幽默，喜歡結交朋友，為人重情重義，因而非常受人歡迎。

（7）喜歡黑色的人

黑色通常象徵著死亡、神祕、沉默，或者肅穆、威嚴，往往讓人覺得很壓抑。這種型別的人大多性格內向，比較有城府，喜歡獨行獨往，希望保持獨特的個人活動空間，而且不願意透露自己的感情。但是，他們通常很積極，很有主見，對未來有很好的規畫；即使不修邊幅，在他人看起來還是很優雅、高尚，是個不平凡的人物。

（8）喜歡灰色的人

灰色給人的印象似乎總是灰暗、冷淡，其實，灰色通常象徵著平靜、中立、保守、和諧。這種型別的人比較喜歡以自我為中心，對周圍的人與事都不關心，希望自己完全不受外界的影響。他們往往缺乏毅力，性格怯懦、膽小，凡事依賴他人，沒有自己的主見，容易受別人影響改變已經決定或承諾的事情。此外，灰色也是壓抑本身情感的象徵。因此，他們一般不會特別顯露出喜悅或快樂，很少喜形於色、得意忘形，表情冷峻，態度斬釘截鐵，看上去很沉穩的樣子，其實，他們的性格比較急躁。

(9) 喜歡白色的人

白色代表著純潔，象徵著樸素、神聖。這種型別的人大多個性開朗、單純善良，對人缺乏防範心理，十分容易相信別人。生活中，他們大多喜歡乾淨，追求簡約、樸素，講究個性特點。他們為人正直、誠實，意志頑強，甚至近乎頑固，一旦打定主意就按照自己的想法我行我素，因此，在旁人看來，他們很有一種威嚴凜然、固執古板的感覺。但是，他們自我期望較高，對自己要求嚴格，因而很容易受到大多數人的尊敬。

(10) 喜歡咖啡色的人

咖啡色象徵著樸素、含蓄、堅定，給予人樸實堅定的感覺。這種型別的人大多忠厚溫和，態度大方，做人堂堂正正，喜歡追求優秀。但是，他們的思想保守、思考方式陳舊，對於自己擁有的地位、財富等很滿足，但又十分害怕失去。這種型別的人當中還有很多人不善於口頭表達，但是富有責任感，樂於助人。他們還特別討厭矯揉造作、假裝斯文或趾高氣揚的人。

（11）喜歡棕色的人

棕色是一種可靠、值得信賴的顏色，通常象徵著和諧、穩重、簡約，代表著安逸、祥和。這種型別的人大多比較忠誠、可靠，為人處事很有主見，做事認真，責任心比較強，喜歡平靜安穩的生活。但是，他們不太喜歡接受他人的意見，往往喜歡循規蹈矩，顯得比較固執，並且缺乏冒險精神。

（12）喜歡粉紅色的人

粉紅色是一種柔和的色彩，代表著溫馨、平和、浪漫。這種型別的人大多比較重視自己的外在形象，穿著得體，並且彬彬有禮，善於與人互動。不過，他們表面上很溫柔，但內心卻非常堅強，獨立性強，嫉妒心也較重。同時，他們有逃避現實的強烈傾向，常常想讓自己呈現出年輕、有朝氣的感覺，甚至希望在旁人的眼中是個高貴的形象。

英國哲學家培根（Bacon）曾這樣說：「生命在於運動。」運動對於人類而言相當重要，它不僅能夠充實人們的生活，更能夠使人們強身健體。生活中有各式各樣的運動，基本上每個人都有一種或幾種自己喜歡的運動。不同個性的人通常喜歡不同的運動方式，因此，我們可以從一個人喜歡的運動，清楚地看出這個人的性格。

（1）喜歡足球的人

足球被人們稱為當今世界上的第一運動，由此可見足球的魅力有多大。由於足球運動本身就非常刺激，能夠讓人特別興奮，因此，這種型別的人一般都精力充沛，相當有熱情，對生活持有非常積極的態度。他們通常都比較好勝，拚勁十足，有戰鬥的欲望，表現欲望也比較強烈，並且從不甘人後，有一種不服輸的精神，團隊意識很強烈。

（2）喜歡籃球的人

通常來說，這種型別的人大多都有較大的理想和較高的目標，對人生的態度相當積極，希望自己能夠比別人出色。他們大多性格堅毅，不畏困難，為了實現自己的目標，他們可以做出很大的努力和犧牲，即使遭受了失敗或者挫折，他們也能夠重新站起來，再接再厲。

（3）喜歡打網球的人

相較而言，網球是一種比較有貴族氣息的運動項目。這種型別的人大多屬於文質彬彬、有禮貌的那一種人，他們文化素養比較高，在各個方面對自己的要求都比較嚴格，做事力求完美和完善。一般來講，這種型別的人都沉穩、理性，比較有風度。

（4）喜歡排球的人

這種型別的人比較有個性，做事一般都很努力，非常重視做事情的整個過程。他們在性格上，大多不拘小節，心胸開闊，大而化之，不太在意事情的成敗得失，表現欲望不強烈，也沒有什麼功利心，很容易和人互動。

（5）喜歡高爾夫球的人

一般情況下，只有具有一定經濟基礎的人，才能夠玩得起高爾夫球，因此，打高爾夫球通常是一種象徵著身分、地位和財富的貴族運動。這種型別的人往往對自己都非常有信心，有著較強的優越感，他們大多都具備了成功者必備的特質：遠大的理想、較強的行動力和領導才能，以及長遠的目光、堅強的意志及不服輸的精神等等。

（6）喜歡舉重的人

坦白地說，喜歡舉重的人不多。雖然舉重有強身健體的作用，但對塑造體型幫助不大，因此，對於當今愛美的人來講，往往很難接受這項運動。這種型別的人多數比較偏重於追求表面化的東西，而忽略一些實質和內涵，他們通常比較在意他人對自己的看法，並且很可能會為迎合他人而改變自己。

（7）喜歡體操的人

通常來講，這種型別的人性格上不是特別堅強，缺乏主見，自我約束能力比較弱，很容易在別人的堅持下妥協，遇到事情往往會選擇逃避，對事情沒有規畫。但是，他們往往比較溫和，平易近人，相當受人喜歡。

（8）喜歡跑步的人

一般來說，這種型別的人性情都比較溫和、親切，對人也比較熱情。他們有自己的想法，但心態十分平和，絕大多數時候能保持冷靜，不太喜歡表面化的東西，功利心比較淡薄，他們通常相當容易滿足於現狀，對生活沒有太大的追求和理想。

（9）喜歡散步的人

這種型別的人個性平和，不喜歡張揚，不太起眼，但人際關係很好，十分受人信賴。他們有自己的主見，相當實際，做事認真、有毅力，不喜歡形式化的東西，總是在做自己該做的事情。

（10）喜歡競走的人

這種型別的人個性相當強，自主意識比較強，不希望被人管制和約束，而渴望自由自在地想做什麼就做什麼，盡情地向人展現屬於自己的獨特的東西。並且，他們喜歡標新立異，性格叛逆、反傳統，很喜歡做一些別人沒有做過或不敢做的事情。

（11）喜歡騎腳踏車的人

這種型別的人大都精力旺盛，有著強烈的好奇心和冒險精神，喜歡去一些未知的領域進行鑽研和探索，對新事物的接受能力比較快。他們頭腦靈活，做事講究效率，不會死腦筋只沿著一條路走，而是在幾條路中選擇最便捷的一條。並且，他們很有自己的主見，不會隨波逐流，人云亦云。

（12）喜歡釣魚的人

這種型別的人大多性情溫和、平靜，善於思考，做事很有計畫性和條理性。並且，他們通常都有著很強的忍耐力和自制力，在任何時候都會盡力控制自己的情緒，不讓自己發脾氣，而且他們的毅力也很強，一旦開始做某件事，一定會全力以赴。他們城府很深，很少向人透露自己的內心，因此，一般人很難理解或明白他們的心思。

（13）喜歡登山的人

這種型別的人喜歡挑戰自我，不喜歡平靜的生活。他們通常都是那種膽大心細、心理素質極好的人，雖然他們看起來很冒失，事實上考慮事情很周到，即使遇到再大的困難，也能勇往直前，堅持下去。

（14）喜歡游泳的人

這種型別的人通常都有著超強的意志力和忍耐力，他們喜歡保持冷靜，絕不會貿然行事，而一旦做某件事，往往會有自己獨特的見解和做法。並且，他們十分有理性和邏輯性，喜歡追求很高的專業知識和地位，渴望得到別人的賞識和尊重。但是，他們往往顯得不夠熱情，不容易讓人接近。

（15）喜歡把走路當成運動的人

這種型別的人通常沒有太強的表現欲望，對能夠突出自己的事沒有興趣，只是保持著相對的平穩，做自己該做、能做的事情。但是，他們往往很有耐心，並且也有信心做好每一件事情。

（16）喜歡自己編排運動項目的人

一般來說，這種型別的人對自己要求比較嚴格，生活態度比較嚴肅，對任何一件事情都會非常認真地對待，並且追求高效率、高品質，他們往往也會這樣要求別人。

音樂是全人類共同的語言，是人們生活中不可缺少的一部分，無論走到哪裡，我們總能聽到各種悠揚的音樂在飄揚。音樂是一種純感性的東西，它不僅能點綴我們的生活，而且還能豐富我們的精神世界，甚至經常聽音樂還能改變一個人的性格，音樂與我們的性格、心靈是息息相通的，因此，從另一個角度來講，透過觀察一個人對不同音樂的喜好，我們往往可以了解到他的性格。

（1）喜歡流行音樂的人

流行音樂有一個很明顯的特點：它永遠會有新的東西出現，卻往往很難有固定的東西。因此，這種型別的人大多缺乏主見，總是喜歡隨波逐流、跟在別人的身後，人云亦云。他們通常不喜歡複雜的東西，也不喜歡沉重的東西，他們往往追求簡單、自由、明快的東西。同時，他們缺乏判斷、選擇能力，在強烈的感情或複雜的事情面前，往往選擇逃避。

（2）喜歡古典音樂的人

這種型別的人通常都相當理性，對自己有著比較深刻的認識，會常常進行自我反省，懂得自己該做什麼、不該做什麼，很多時候能夠用理智約束自己的情感。他們非常有主見，常常會把那些對自己沒用的東西毫不留情地捨棄掉，而只留下對自己非常重要的東西。但是，他們很固執，不太聽人勸，因此，他們通常很孤獨，喜歡獨來獨往，很少有人能夠真正地走入到他們的內心深處，去了解他們。

（3）喜歡輕音樂的人

這種型別的人大多比較脆弱，心理承受能力不強，在生活中稍有挫折他們就難以承受。他們情緒不穩定，並且常常表現出來，一旦遇到不高興或傷心的事，他們的第一個反應往往就是什麼都懶得說，然後找一個沒人的地方自己傷心，也不願意向家人或朋友講。

（4）喜歡搖滾樂的人

這種型別的人往往個性叛逆，對社會不滿，有些憤世嫉俗，不畏他人的批評，為人處事我行我素，不喜歡遵守既定的規則，而且，非常喜歡到處張揚，經常把持不住自己。但是，他們害怕孤獨，不能忍受寂寞，愛好體育運動，相當喜歡結交那些志同道合的人作為自己的朋友。

（5）喜歡爵士樂的人

這種型別的人往往比較感性，對自由充滿嚮往，希望自己的生活無拘無束，我行我素，總是有一些荒唐的幻想，因此，常常會憑一時頭腦發熱而去做很多事情。但是，他們總是很難找準自己的人生座標，由於生活與理想相差太遠，他們常常會因此而感到一種莫名的恐懼與難以化解的矛盾。

（6）喜歡打擊樂的人

這種型別的人性情爽快，為人耿直，待人熱情，喜歡談笑風生，具有很強的社交能力，因此，能夠得到大多數人的歡迎。他們通常對自己的未來有著明確的認知和精心的設計，生活態度極為樂觀。

（7）喜歡交響樂的人

這種型別的人大多信心十足，躊躇滿志，為人熱情積極，生活態度非常樂觀，有著很強的適應能力，所以能夠迅速和他人打成一片。他們心地單純，個性張揚，有著比較強的自我表現欲，喜歡顯露自我，處處顯示自己的不平凡，總希望吸引別人的注意，讓大家認識自己。

（8）喜歡進行曲的人

這種型別的人通常喜歡墨守成規，滿足現狀，不求變遷，他們對自己要求非常高，不允許所做的事出現半點差錯，並且，做任何事都力求完善、完美，可是現實中的殘缺和不完美，常常使他們動搖、失望，甚至遍體鱗傷。

（9）喜歡鄉村音樂的人

這種型別的人大多成熟、沉穩、圓滑、世故、老練、輕易不會動怒，不會做出令自己後悔的事情，而且他們十分敏感、細心，喜歡對一些社會問題表現出過分的關心。他們在性格上，親切、溫和，攻擊性並不強。他們不喜歡大城市的紛繁與喧鬧，追求安靜和怡然，比較喜歡一種穩定、富足，完全由大自然控制的田園生活。

（10）喜歡背景音樂的人

這種型別的人具有相當豐富的想像力，因此，生活態度往往有點脫離現實而富於幻想，不過，他們相當善於自我調節，能夠重新面對生活。他們通常具有比較好的交際能力，喜歡與各式各樣的人互動，哪怕是不太熟悉的人。

（11）喜歡民歌的人

這種型別的人往往心地善良、單純，比較傳統，對時尚、流行的東西不太感興趣，他們很有主見，意志也很堅強，具有很強的辦事能力。

（12）喜歡歌劇的人

這種型別的人思想比較傳統保守，通常有著很豐富的感情，容易情緒化，比較容易出現偏激行為。但是，他們清楚自己的這個弱點，有著比較好的自我控制能力，所以總是極力控制自己，避免不愉快產生。同時，他們做事認真，很有責任感，有追求完美的傾向，不僅對自己的一舉一動認真負責，而且力求以一個完美的形象出現在大眾面前。

舞蹈的形式很多，踢踏舞、拉丁舞、芭蕾舞、交際舞、爵士舞等，它作為一種用肢體交流的語言，如今早就已經超越了地域、文化的差異，成為一種極為普遍的休閒活動。對於很多人來說，舞蹈可能只是一種交際方式或休閒活動，但是，從心理學的角度來看，舞蹈往往與一個的性格有著不可分割的關聯。因此，我們可以說，一個人對不同舞蹈的喜愛，往往比說話更能顯示他的個性。

（1）喜歡踢踏舞的人

這種型別的人大多有著強烈的表現欲望，總是希望能夠引起他人的注意，他們精力充沛，有著很強的適應能力，心理承受能力很好，在遭遇挫折和磨難的時候，絕不會輕易放棄。因此，他們往往能夠堅持下來，度過難關。他們有著極強的時間觀念，頭腦非常冷靜，在面對比較棘手的事情時，能夠冷靜地思考應對策略，懂得如何進退，以保全自己。

（2）喜歡拉丁舞的人

拉丁舞富有濃郁的民族風情，拉丁舞的狂野和熱情往往能夠使每一個人都熱血沸騰。因此，這種型別的人通常精力充沛，而又魅力十足，他們性格外向、開朗，有很強的自我表現欲望，希望能夠吸引更多的目光，而實際上，他們也會引起他人的關注。

（3）喜愛芭蕾舞的人

芭蕾舞是一種極富有美感和藝術氣息的舞蹈，但想要跳好，卻非常有難度。因此，這種型別的人一般都具有很強的耐心和毅力，而且意志也十分堅強，不會輕易放棄，能以最大限度的忍耐性把一件事情完成。同時，他們非常有理想和追求，並能夠盡力實現，並且，他們很遵守紀律，有很強的團隊意識，非常重視跟他人合作。

（4）喜歡交際舞的人

交際舞的最大用處，就是社會交際。因此，這種型別的人大多很外向，很樂意與人互動，對人與人之間那種相對頻繁和友好的互動關係更是情有獨鍾，不喜歡獨處，喜歡參加各種社交活動。他們具有較強的組織和創造能力，比較擅長交際，但是，在為人處事方面非常放不開，比較小心謹慎。

（5）喜歡搖滾舞的人

這種型別的人大多是一些年輕人，他們思想前衛，性格叛逆，為人處事我行我素，不喜歡被約束，通常不顧及他人的看法和眼光，但是，他們這些前衛的思想往往又很難被人接受和理解。因此，他們是一群相當孤獨的人。

（6）喜歡華爾滋的人

華爾滋優雅、高尚，很著很好的平衡感。這種型別的人大多有一定的社會經驗和閱歷，精通各種禮儀，為人處事沉著穩重，待人親切和善，彬彬有禮。一般而言，他們性格內斂，不太表露自己的內心情感，為人不疾不徐，顯得十分成熟、有風度，相當受人信賴和歡迎。

（7）喜歡探戈的人

這種型別的人通常相當有內涵，雖然表面上很平靜，但骨子裡有著特別強烈的進取欲望。他們不甘於平庸，總是追求生活的豐富多彩，希望自己的人生充實，而不是碌碌無為。他們不喜歡表現自己，做事相當有主見，非常重視一個人的才華和素養。

（8）喜歡爵士舞的人

爵士舞是一種即興舞，有很強的隨意性。因此，這種型別的人大多具有較強的隨機應變能力，以及聰明的頭腦。他們具有一定的幽默感，善於交際，很喜歡與人互動，喜歡和很多人在一起，他們在為人處事方面不拘小節，能說得過去就行。

（9）喜歡街舞的人

街舞具有特殊的節奏性，觀賞性也很強，在時下的年輕人中大受熱捧。因此，這種型別的人以年輕人為主，他們大多性格外向，個性較強，有很強的表現欲望，特別希望能夠吸引別人的關心和關注。他們做事很認真，也很有恆心。

隨著科技的發展，人們的生活水準越來越高，看電視成為我們日常生活中不可缺少的一項重要內容。現在，不僅電視的頻道越來越多，而且電視節目也越來越多，綜藝節目、體育節目、戲劇節目、競猜節目等等，花樣繁多，應有盡有，只要我們想看，總找得到自己喜歡看的電視節目。心理學家指出，透過對一個人喜愛電視節目的類別，也可以判斷出他的性格與心理。下面我們就來試著分析：

（1）喜歡看綜藝節目的人

這種型別的人一般思想比較單純，思考事情經常從好的方面出發，通常不會傷害別人，最能體諒別人。一般而言，他們自信、樂觀，為人熱情大方，並且心胸開闊，富有愛心，喜歡幫助別人，生活態度積極，因此比較受人歡迎。

（2）喜歡看體育節目的人

這種型別的人通常爭強好勝，競爭心極強，不畏壓力，追求卓越，喜愛接受挑戰，喜歡在打拚當中獲得樂趣，壓力越強，表現就越好。並且，他們善於思考，做事有勇有謀，計劃周詳，在做事之前習慣制定計畫，未雨綢繆。

（3）喜歡看戲劇節目的人

這種型別的人大多很有個性，自信心特別強。他們善惡分明，很有正義感，富有浪漫主義色彩和英雄主義色彩，好急人所急，但卻比較霸道，有統治他人的欲望，因此喜歡領導和左右別人。但是，他們喜歡裝腔作勢，狐假虎威，讓人看了厭煩。

（4）喜歡競猜節目的人

這種型別的人個性積極樂觀，頭腦聰明，智商很高，而且知識豐富，思考活躍，推理能力很強，對任何問題都能冷靜分析，積極進取，競爭心理也都很強，但是功利心不是很強，比較喜歡享受戰勝困難的過程，往往不會在意結果。

（5）喜歡看喜劇的人

這種型別的人對生活要求不高，不苛求過上非常優裕的生活，容易滿足，注重親情，家庭觀念濃厚，同時，他們個性十分含蓄，常常會利用幽默感去隱藏內心真實的情感，表面上看起來吊兒郎當，心不在焉，但內心卻熾熱如火，一旦動了真格，會一發而不可收拾，甚至讓人禁受不住。

（6）喜歡看驚險刺激節目的人

這種型別的人喜歡追求刺激而不甘於平凡，不喜歡平淡無奇的生活，渴望生活中能夠多一點刺激，並且爭強好勝，不願屈居人下。他們好奇心重，競爭心強，做事認真負責，很有責任心，凡事能夠貫徹始終，全力以赴。

（6）喜歡看訪談、對話節目的人

這種型別的人思考活躍，頭腦靈活，反應靈敏，應變能力極強。他們大多有著相當淵博的知識，富有想像力和正義感，往往會有路見不平、拔刀相助的壯舉。此外，他們喜歡察言觀色，很能揣摩他人的心思，辦事必先深思熟慮，考慮周全，量力而為，很少意氣用事。

（7）喜歡看愛情連續劇的人

這種型別的人通常感情豐富細膩，多愁善感，富有同情心，看電視時很容易進入角色，有著超強的想像力。他們是非分明，極富正義感，為人處事極有分寸，因此有著相當不錯的人緣。

說到收藏，大家應該都不陌生。在閒暇之餘，收集郵票、明信片、電話卡，以及書籍、報紙等，都屬於收藏的範疇。不論我們收藏的是什麼，這些收藏品是否值錢，這都不是最重要的，最重要的是它為收藏者帶來了樂趣，收藏的樂趣則又在於收藏的過程。因此可以說，收藏是一種財富，是一種文化，是一種幸福。此外，據相關專家分析，透過這些各式各樣的收藏品，往往還可以透視出收藏者的性格和心理。

（1）喜歡收藏書籍和報刊的人

這種型別的人通常都相當有學識，善談、愛思考、有好奇心，並且有上進心，喜歡獨自享受看書的樂趣，自得其樂。但是，這些資料雖然十分豐富，但大多數都已經過時，他們往往還以此來炫耀自己的博學，因此在現實生活中他們常常顯得比較落伍。

（2）喜歡收藏古董和藝術品的人

由於古董和藝術品往往象徵著高雅、博學和財富，因此，這種型別的人往往十分注重自己的身分和地位，功利思想比較嚴重，並且爭強好勝，喜歡追求典雅。

（3）喜歡收藏照片和明信片的人

因為照片和明信片往往都記錄著過去，所以，這種型別的人大多比較喜歡懷舊、敘舊，而且他們通常十分重視朋友情義。

（4）喜歡收藏舊票據的人

這種型別的人通常具有相當強的組織能力和領導能力，並且他們辦事細心負責，喜歡按部就班，所以條理十分清楚。但是，他們往往把大部分的精力浪費在了沒有意義的細節和過程上，總是擔心出現危險，最終很多事情都沒付諸實施，因此，他們的生活往往不會有太大變化和起色。

（5）喜歡收藏旅遊紀念品的人

這種型別的人大多喜歡旅遊，性格上活潑好動，喜歡不斷地追求新鮮、奇特和怪異的東西，並且，他們具有挑戰的勇氣和冒險的精神。

（6）喜歡收藏玩具的人

這種型別的人大多有一顆年輕的心，喜歡追求的就是年輕，他們總是想方設法保持記憶當中的快樂和幸福，並且，他們知道分寸，安分守己，容易滿足，比較戀家，喜歡寧靜、安逸、愉快的生活。

（7）喜歡收藏衣服及飾物的人

這種型別的人通常都比較喜歡打扮，注重個人容貌，喜歡揮霍，擅長交際，並總是希望透過外表使自己成為眾人矚目的焦點，以求在別人心目中留下深刻的印象。

（8）喜歡收藏舊情書的人

這種型別的人懷舊情節比較嚴重，多愁善感，感情細膩，有很多浪漫的情調，並且總是在不斷地尋找機會去實現。但是他們往往不夠堅強，對他人有很強烈的依賴心理，總是希望自己成為他人幫助、關心的對象。

（9）喜歡收藏破舊家具等東西的人

這種型別的人具有相當強的寬容力和忍耐力，並且具有十分強烈的大公無私的奉獻精神，他們往往因此而得到他人的讚揚和信賴。但是，他們往往也會傷害到他人，尤其是自己身邊的人。

總而言之，收藏既是一種生活的狀態，也是一個人心理狀態的展現，只要仔細觀察，我們就能辨別出對方的性格和心理特徵。

如今，養寵物已經成為一種時尚，越來越多的人開始加入養寵物的行列之中。這些可愛的寵物點綴了我們多彩的生活，為我們帶來了許多開心和歡樂！儘管現在的寵物非常多，但是，由於心理因素的影響和個人的喜好不同，人們並不是什麼寵物都養，而是有選擇地去養。因此，根據人們喜歡的寵物，我們往往可以看出他們的個性。

（1）喜歡養狗的人

一般來說，狗不僅忠誠、聽話，而且非常聰明，因此，狗在寵物界裡占有絕對優勢的地位，人們通常都比較喜歡養狗。這種型別的人基本上都很外向，爽快開朗，性格隨和、溫順，顯得很親切，並且交際能力出眾，人情味濃，胸無城府，整天嘻嘻哈哈，因此與左鄰右舍的關係十分融洽。但是，他們往往喜歡隨波逐流，缺乏主見，總是順著他人的想法去做事。

另外，由於狗的品種比較多，品質、樣子等的差別比較大，因此，養狗人的性格差別往往也很大。

比如，喜歡養普通狗的人，通常比較大眾化，生活態度積極、樂觀，容易滿足，沒有野心，對朋友忠誠，對家庭負責；喜歡養名狗的人，大多有很強的功利心和表現欲望，他們重視自己的言行舉止，渴望得到別人的認可；喜歡養大型狗的人，通常虛榮心比較強，有很強的表現欲望；喜歡養獅子狗的人，大多性格單純，待人親切溫和，人緣比較好，喜歡自在、安穩的生活；喜歡養流浪狗的人，富有愛心和同情心，總是樂意去幫助身邊的人，同時他們自己通常也不會拒絕別人的幫助。

（2）喜歡養貓的人

這種型別的人一般比較內向，不願意透露自己的心事，因此很少有人能進入他們的內心世界。他們不喜歡吵鬧繁雜的生活，比較喜歡寧靜和恬淡的地方。同時，他們嚴於律己，崇尚獨立自主，討厭隨便附和，喜歡直來直去，從來不委曲求全、言不由衷，因此總是讓人感覺不到他們的熱情和活力。

（3）喜歡養鳥的人

這種型別的人個性比較拘謹、保守，性格細膩，心胸狹隘，不太喜歡與人互動，一點小事都會讓他們不愉快很長時間。他們比較孤僻，不喜歡煩瑣的人際關係，但很會精心地打點屬於自己的空間。

（4）喜歡養魚的人

這種型別的人大多比較樂觀，富有生活情趣，屬於充滿自信的樂天派。他們很容易滿足，對人生沒有太高的要求，只要生活充實、安穩、祥和就行了。在做事上，他們通常四平八穩，即使面臨強大的壓力，也從不表現在臉上。雖然他們看起來不思進取、胸無大志，但是懂得生活真諦，因此總比周圍的人更快樂。

總而言之，一個與寵物長期相伴的人，他的言行舉止、性格特徵等，通常都能從他所養的寵物身上得到反映。

現在，旅遊在人們生活中的地位越來越重要，人們在閒暇之餘，總是情不自禁地想到一些旅遊景點或風景優美的地方遊玩一番。這樣既可以放鬆心情、釋放壓力，又可以增長見聞、修身養性，真可謂是一舉多得。事實上，旅遊的好處還遠遠不只這些，在心理學家看來，旅遊與一個人的個性往往有著密切的關聯，透過一個所喜歡的旅遊方式，我們能夠了解到這個人的性格和心理。

（1）喜歡參加旅遊團旅遊的人

這種型別的人在個性上比較大眾化，主見性不強，很容易在別人的勸說下改變自己的想法或決定。但是，他們個性豪爽，有相當強的團隊合作精神和組織性，喜歡和別人一起分享自己的一切，而且十分隨和，待人真誠，能體諒和尊重他人。他們比較理智，很實際，不富於幻想，不太喜歡有過多的意外，做事情有比較強的計畫性，喜歡井井有條。

（2）喜歡獨自出去旅遊的人

旅遊時，有些人不喜歡參加旅遊團，而喜歡獨自出去旅遊，他們通常認為跟旅遊團出去，會有很多限制，往往不能盡情地遊玩。這種型別的人大多有著比較強的自我意識，並且他們很有主見和魄力，責任心很強，敢作敢當，不喜歡隨波逐流。他們不怕冒險，但是不喜歡被約束，團隊意識比較差，特別注重自己的主觀感受，獨立性很強。

（3）喜歡去海邊旅遊的人

這種型別的人在性格上大多比較傳統、保守，甚至有些孤僻，他們不熱衷於各種人際關係和人際互動，有一種隱居山林、離群獨居的衝動傾向，因此他們的人際關係並不是很好。他們性情溫和，朋友不是很多，但彼此感情很好，事業心不是很強，但很重感情，有一定的責任心，尤其是對自己的子女，往往會投入相當大的時間和精力。

（4）喜歡去野外探險、旅遊的人

這種型別的人大多性格比較內向，做事情任勞任怨，總是勤奮努力，而且人也很和善，從不說人是非，也從不與他人爭論，但活得相當壓抑。不過，他們往往缺乏耐心，做事不能集中自己的注意力，很容易受外界的干擾，因此，成功率比較低。

（5）喜歡旅遊時在野外露宿的人

這種型別的人個性相對獨立，具有一定的想像力和創造力，在為人處事方面很有一套自己的準則，他們富有主見，做事果斷，很注重客觀實際，對自己的要求比較高，有比較高的品德素養水準，懂得規範和約束自我的言行。

（6）喜歡去風景區旅遊的人

這種型別的人好奇心很強，對一些新鮮、刺激的東西有很大興趣，不喜歡一成不變的枯燥生活，總是希望自己的人生豐富而充實，自己的生活多姿多彩。他們精力充沛，心理素質比較強，有豐富的想像力和創造力，能夠勇敢地面對各種困難和挫折，並且具有一定的責任心，會對自己該負責的事或人負起責任。

（7）喜歡到各地走親串友的人

這種型別的人相當重感情，非常重視自己的朋友。他們在待人接物方面總是真誠、熱情，而不是虛偽和做作，往往會為朋友的求助竭盡全力。他們通常不喜歡虛偽的客套，喜歡坦誠相待，實事求是，在做事上高效能、認真，責任心很強。

（8）喜歡長途旅遊的人

這種型別的人通常嚮往新鮮、刺激的生活，好奇心比較強，但是他們的心理承受能力比較差，感情比較脆弱，承受不起一點挫折和失敗的打擊，在困難和挫折面前，他們往往會選擇逃避。

（9）喜歡出國旅遊的人

這種型別的人大多比較時尚，喜歡追著潮流走，他們希望自己的生活總是不斷變化、充滿刺激，而不是一灘死水，毫無波瀾。他們具有比較強的幽默感，而且進取心很強，生活態度積極向上，因而，他們往往不會輕易被生活中的一些挫折和磨難壓垮，並且時刻保持著充沛的精力和熱情。

（10）不喜歡旅遊的人

有些人天生喜歡旅遊，而有些人則天生不喜歡旅遊。不喜歡旅遊的人一般並不是沒有時間和精力，更不是沒有金錢，而是根本不喜歡旅遊。他們通常認為旅遊既耗費精力，又浪費金錢，完全不如與朋友聊天、喝酒來得舒服。並且，有的人還往往覺得出門旅遊有很多不安全的因素，因此寧願待在家裡。這種型別的人大多個性保守，性格內向，比較喜歡安逸、平穩的生活，往往缺乏冒險精神。

隨著人們經濟水準和生活水準的提高，汽車已經不僅僅是人們的代步工具，而且是人們身分和社會地位的象徵，成了人們的第二張名片。一個人喜歡什麼樣的汽車，往往就是其個人品味、性格、心理的縮影。因此，從一個人所選擇的汽車，我們可以對其心理、性格有一個比較明確的了解和認識。

（1）喜歡轎車的人

這種型別的人大多信心十足，自我感覺很好，愛表現，他們總是喜歡向他人炫耀自己，希望自己能夠得到他人更多的尊重和愛戴，因此，往往會努力證明自己的優秀和出色。

（2）喜歡豪華車的人

這種型別的人大多屬於成功人士，他們性格外向，為人自信，自我感覺良好，而且總是有一種成功的感覺。但是，這種感覺很多時候並不是真正發自內心，而通常來自於他人的讚美，因此他們往往有著比較強烈的表現欲望，希望自己的表現與眾不同，並且具有一定的影響力，能夠吸引他人的目光，成為人們注目的焦點，並贏得人們的讚美。

（3）喜歡進口車的人

這種型別的人大多外向而好強，對自己充滿信心，而且能力突出，獨立性很強，他們通常屬於現實的利己主義者，往往缺乏集體團隊精神，雖然交際能力很強，但大多以物質利益為基礎，凡是能為自己帶來好處的他們就接受。

（4）喜歡吉普車的人

這種型別的人大多爭強好勝，有很強的獲勝欲望，不能容忍別人比自己優秀，總是希望把別人遠遠甩在後面，自己永遠保持第一的優勢。他們有極強的進取精神，以及強烈的自主意識，忍耐力和毅力也很強，為了實現自己的目標，往往會全力以赴，不辭辛苦，不達目的誓不罷休。

（5）喜歡旅遊車的人

這種型別的人大多勤儉節約，生活精打細算，做事謹慎，善於規劃，能力突出，總是能夠運用有限的時間、精力和金錢，做出更多的事情，而且，他們性情溫和，誠實守信，人際關係很好，因此很多人都非常尊重和信賴他們。

（6）喜歡敞篷車的人

這種型別的人大多性格外向，喜歡跟外界進行各種接觸，喜歡熱鬧的生活，而討厭死氣沉沉的生活。他們好奇心強烈，能快速適應新的環境，對新事物的接受能力也很強。此外，他們熱情大方，富有同情心，喜歡幫助他人，能夠及時地給予他人關心和幫助，交際能力也不錯，因此他們的人緣很好。

（7）喜歡省油型的車的人

這種型別的人大多屬於現實主義者，能夠腳踏實地地生活、做事，他們往往只著眼於現在，從不懷念過去，也從不寄希望於未來。並且，他們往往很在意自己的形象，通常穿著得體，舉止優雅，因此，人際關係也很不錯。

現在正處在知識大爆炸的年代，知識越來越重要，並且，新知識層出不窮，很多人都在拚命地學習，而看書正是獲取知識的最佳途徑。但是，由於個人需求、興趣愛好等因素的影響，每個人讀書的習慣及所喜愛的類型各不相同。在心理學家看來，讀書與人的性格之間有著密不可分的內在關聯。因此，讀書不僅能夠開闊視野、增長知識、提高自身素養，而且還能在某種程度上反映出一個人的性格和心理。

（1）喜愛看言情小說的人

這種型別的人大多為女性，她們多愁善感，感情豐富、敏感，通常沉湎於往日的幸運，憧憬美好的未來，總希望有所依靠。一般來說，這種型別的人自信開朗，非常樂觀，能很快從失望中振作起來，並且，對事物有著敏銳的洞察力。

（2）喜愛看恐怖小說的人

有些人覺得簡單的生活很乏味，渴望用刺激、冒險啟動自己的細胞，因此，他們對那些關於鬼怪、幽靈之類的故事很感興趣，希望生活也能夠驚險、刺激一些，而事實上，他們的生活大多很有規律，這讓他們感覺到很壓抑。這種型別的人在性格上比較消沉，渴望尋找刺激、冒險使自己得到解脫，但是，心中雖然對現在的生活很不滿，卻往往缺少規畫，也沒有切實的行動。

（3）喜愛看科幻小說的人

這種型別的人一般都思考發達，想像豐富，具有高度的創造性，而且，有著極強的好奇心和冒險精神，對未來的事情充滿幻想，對高科技十分感興趣。他們不太注重實際，喜歡思考一些未來的事情，總想將自己擔負的工作完成得更出色，把自己的一生變得更加美好。

（4）喜愛看偵探小說的人

這種型別的人大都有著豐富的想像力，邏輯思考能力和觀察力都很強，常常能從平常的事物中發現一些別人未曾發現的東西。他們具有挑戰精神，喜歡接受思想方面的挑戰，並且善於解決問題，別人不敢碰的問題或解決不了的問題，他們卻願意對付，並且興趣盎然。

（5）喜愛看漫畫的人

這種型別的人大多活潑開朗，親切隨和，單純善良，沒有什麼心計，十分討人喜歡。他們喜歡玩樂，不希望被約束，對無拘無束、自由自在的生活充滿嚮往。他們個性隨意，對任何事都不太放在心上，缺乏責任感和事業心，也不願意面對太複雜的事情，因此成就往往不大。但是，他們往往熱情好客，愛交朋友，所以人緣很好，同事、親戚和好友都願意到他們家裡造訪。

（6）喜愛看歷史書的人

這種型別的人大多相當有內涵，非常實際，做事也十分沉穩。他們尊重事實，時間觀念很強，工作責任感很強，講究實際和重視效果，總是把時間安排得滿滿的，用在努力工作或者認真做學問上面，不喜歡與人胡扯、閒談。他們很有主見，而不喜歡盲從，不喜歡參加社交活動，從來不會在那種毫無意義的閒聊場合裡露面，也不會和那些無所事事的人往來。

（7）喜愛看人物傳記的人

這種型別的人通常富有好奇心，謹慎而頗具雄心，理想大而不甘於現狀。他們很有頭腦，既有雄心壯志，又腳踏實地，謙虛好問是他們最大的特點，在對問題做出決定之前，喜歡瞻前顧後，思考再三，研究各個選擇的利弊和可行性，從來不輕率冒險從事。他們往往有著很強的冒險精神，對未知的事物興趣很大。

（8）喜愛看詩歌的人

這種型別的人大多感情細膩，多愁善感，想像力豐富，對生活充滿熱愛之情。並且，他們愛憎分明，疾惡如仇，但往往存在著逃避現實的矛盾傾向。他們比較喜歡追求「真善美」，遠離「假惡醜」。

（9）喜愛看通俗實用讀物的人

這種型別的人通常比較喜歡看大眾化、有實用價值的書，比如，地圖冊、交通指南、健康書籍等。他們大多積極樂觀，熱情開朗，很有同情心，喜歡幫助別人，並且風趣幽默，很受人歡迎，因此他們的人際關係很好。

（10）喜愛看報紙及新聞性雜誌的人

這種型別的人一般屬於意志堅強的現實主義者，他們思考敏捷，適應能力強，善於接受新思想、新事物，為了使自己的言行時時處處跟上時代的步伐，他們關心國內外大事，眼觀世界風雲變幻。他們大多有著豐富的社會閱歷，能夠從容應對生活中的各種事情。

（11）喜愛看財經雜誌的人

這種型別的人大多自尊自重，十分自信，富有進取心，不滿於現狀。他們崇拜那些在事業上卓有建樹的人物，並以他們為榜樣，希望能充分發揮自己的競爭力，登上「冠軍」的「寶座」。因此，他們大多爭強好勝，極愛與別人競爭，並一定盡力獲勝。此外，他們踏實能幹，有艱苦奮鬥、不怕困難的意志和勇氣，因此常常能獲得成就。

（12）喜愛看時裝雜誌的人

這種型別的人十分關注自己的身分和地位，並盡力改善自己在別人眼中的形象，有時甚至脫離實際地拔高自己，常常下不了臺。一般來說，他們追求時尚，出手大方，有著很強的表現欲望，但是常常因過於重視外表，而忽視了內在的修養，所以往往不能成就什麼大的事業。

（13）喜愛看婦女雜誌的人

這種型別的人大多好勝心比較強烈，總是希望自己比別人強，女性想成為「女強人」，男性則總想獲得女性的愛慕。他們富有進取精神，在工作方面一絲不苟，嚴格要求自己，同時，在為人處事方面謹慎行事，不允許自己因為某種過失或疏忽而造成終生的遺憾。

（14）喜愛看專業雜誌的人

這種型別的人大多比較實際，個性很強，有著相當豐富的社會閱歷，他們只看重那些對於現實比較有意義的事情，做那些自己喜歡或有實際意義的事情。

遊戲是一種很多人都喜歡玩的娛樂活動，它的歷史非常悠久，而體育運動正是由遊戲演變出來的。隨著社會的發展和科技的進步，網路越來越發達，遊戲的種類和玩法也越來越多，現在每天都有許多人在玩著各式各樣的遊戲。在心理學家看來，一個人玩遊戲的態度，常常可以反映這個人的性格。

（1）喜歡冒險遊戲的人

有不少人對冒險類的遊戲情有獨鍾，他們非常喜歡那些荒無人煙的峽谷或大山，對於攀岩、爬山、漂流等刺激性很強的冒險遊戲十分熱衷。這種型別的人好奇心強，喜歡冒險，自我挑戰的欲望十分強烈。他們膽子大，不怕輸，往往也不服輸，總是勇敢地面對任何困難，越是有危險和挑戰性的事情，他們就越有興趣。

（2）喜歡益智遊戲的人

益智遊戲的種類相當多，比如魔術方塊、字謎、拼圖、填字等，對於開發人們的思考、豐富人們的知識，很有幫助。因此，很多人不僅自己愛玩，而且還鼓勵別人玩，尤其會鼓勵自己的孩子去玩。這種型別的人大多比較理性，思考靈活，愛動腦筋，動手能力也很強，擴散性思考能力很好，善於從多個角度來思考問題。他們事業心強，渴望成功，性格活潑，善於交朋友，但心機往往比較深。

（3）喜歡團隊遊戲的人

團隊遊戲需要很多人一起參與，共同完成。因此，這種型別的人通常比較喜歡熱鬧，交際能力相當強，具有團隊意識，有大局觀念，善於為他人著想。他們待人熱情，愛交朋友，但對朋友沒有嚴格的選擇標準。他們事業心較差，更善於享受生活。但是，他們的獨立性比較差，有些人內心深處對孤獨充滿恐懼，害怕寂寞。

（4）喜歡競爭遊戲的人

有一些人對於只有一個贏家的競爭遊戲比較有興趣，這種型別的人通常好勝心很強，做事喜歡追求完美，任何事情都要做到最好，即使是玩遊戲，他們也這樣要求自己，總是希望自己得第一。他們對自己信心十足，具有頑強的毅力和打拚精神，有著比較強烈的表現欲望和榮譽感，因此，他們總是渴望透過自己的努力獲得成功，從而引起他人的關注和重視。

（5）喜歡個人遊戲的人

由於個人遊戲不需要太多人合作、配合，因此，這種型別的人往往有著很強的個人能力，大多都能夠獨當一面，做事能力很強，獨立性也比較強。因此，他們往往認為自己可以生活得很好，在人多的地方反而不適應。這種型別的人通常自我意識太過於強烈，缺乏團隊意識和合作精神。

（6）不喜歡遊戲的人

在一些人心目中，玩任何遊戲都是在浪費精力和時間，是沒有任何實際意義的事情。因此，他們對任何遊戲都不感興趣。這種型別的人通常比較保守，性格比較內向，但他們非常現實，總是希望自己做的事情具有實際的價值和意義。

整體來講，無論是喜歡遊戲的人還是不喜歡遊戲的人，也不論是喜歡哪類遊戲的人，透過觀察他們所參與的遊戲及參與時的表現，我們同樣都能夠達到了解、識別對方的目的。

在日常生活中，美麗的花不僅可以美化我們的生活、陶冶我們的情操，人們還常常喜歡用浪漫的花語，來表達自己心中隱藏的語言，或透過花來表達自己的某種感情與願望。其實，一個人的性情，通常會反映在他所喜愛的花上。因此，我們可以從一個人喜愛的花中，了解並掌握住一個人的性格及心理。

（1）喜歡玫瑰的人

玫瑰是最富於浪漫氣息的花朵，往往代表著浪漫、熱情。因此，這種型別的人通常屬於浪漫型的人，他們大多浪漫、任性，甚至有點唯我獨尊的傾向，不喜歡被束縛，喜歡追求寬鬆自由、無拘無束的生活空間。他們往往十分勇敢、堅強，生活得相當灑脫，走到哪裡都是人群中的焦點，非常引人注目。

（2）喜歡百合的人

百合通常意味著乾淨、素雅和高貴，因此，這種型別的人往往比較喜歡潔淨，通常是社會上的「雅痞族」。他們有著相當好的審美能力和創造力，對生活、工作及愛情的要求比較高，無論是工作還是生活，或者是愛情，他們都喜歡有條不紊、一絲不苟。

（3）喜歡康乃馨的人

康乃馨是一種樸素的花，而且康乃馨的花色是一種明快的顏色，因此，這種型別的人大多性格爽快，無論是交友還是處世，都喜歡直來直去，他們屬於一根腸子通到底的人。他們生活隨意，沒有太多講究，往往會為身邊的人帶來輕鬆愉快的感覺。

（4）喜歡鬱金香的人

鬱金香往往帶著一絲神祕的感覺，因此，這種型別的人氣質優雅、感情細膩，他們通常對情感十分執著，然而總是難以始終如一，容易給人虎頭蛇尾的印象。他們往往喜歡具有華麗外表的異性，十分注重物質享受。

（5）喜歡菊花的人

菊花是強健和堅毅的象徵，因此這種型別的人通常是很中性化的男性或女性，他們具有熱情活潑的個性，往往期待熱烈的愛情，而他們自己也會忠貞不渝。並且他們通常都很講究實際，具有較好的寬容心理，對別人的意見很能包容。一般來說，屬於這種型別的男性，往往都是相當重要的人物；而女性屬於這種型別者，則往往屬「大地之母」型的，很照顧家庭。

（6）喜歡雛菊的人

在很多花店或花市，都能買到雛菊，這是一種相當常見的花，象徵著天真、純潔、和平、愉快、幸福、希望……這種型別的人往往性格比較活潑、熱情，喜歡浪漫氣氛。他們陽光、堅強、上進，且很有原則性，一般是十分可靠、值得信賴的人。但是，他們脾氣有點執拗，而且不太喜歡向外表露自己。

（7）喜歡木棉花的人

木棉花大多在春季盛開，其花型本身並不是特別的豔麗多嬌，其樹型高大、聳直，因此，這種型別的人一般都具有爽直的性格和一副熱心腸，他們做事認真、負責，並且喜歡積極、熱心地幫助別人。

（8）喜歡紫羅蘭的人

紫羅蘭又名草桂花，花語是永恆的美，質樸，美德。這種人屬於快樂型的人，他們往往性格幽默、風趣，喜歡與生氣勃勃的人在一起。

俗話說得好：「物以類聚，人以群分。」事實上也正是如此，那些具有同一嗜好的人，其性格往往也比較相近；而那些性格不同的人，其嗜好相差也很大。因此，只要我們認真地觀察這些微妙的細節，就一定能夠準確地掌握和辨別對方。

中國的飲茶歷史最早，所以最懂得飲茶真趣，歷來講究「客來敬茶，以茶代酒，用茶示禮」的飲茶之道。但由於中國幅員遼闊、民族眾多，各地、各民族所處地理環境、歷史文化及生活風俗各不相同，因此人們的飲茶風俗及偏好也各不相同。此外，不同性格的人，其喝茶的嗜好也各不相同。因此，我們可以從喝茶者對茶的不同嗜好，來分析他們的性格特徵。

（1）方式嗜好

不同的地方，不同的民族，不同的個人，其喝茶的方式往往各有不同，喝茶者的性格也往往因此而各不相同。比如，喜歡喝熱茶的人，大多樂觀開朗，精力充沛，比較容易衝動；而喜歡喝稍冷的茶的人，其性格則往往與之相反。因此，在喝茶時留意人們喝茶的方式，通常也是認識他們的一個絕好方法。

A. 喜歡喝熱、濃、甜的茶

這種型別的人大多具有數學才能，善於思考，有相當強的分析推理能力。他們做事認真，雖然效率不高，但品質比較有保證。同時，他們積極樂觀，待人真誠，做人誠實，比較懂得尊重他人的想法和意見，雖然很有主見，但從不獨斷專行，因此很受人尊敬。此外，他們對自己要求很嚴格，並且常常用自己的標準衡量他人，因此難免會跟人發生矛盾，人際關係一般。

B. 喜歡喝熱、淡、甜的茶

這種型別的人大多道德高尚，沉著穩健，性格內向、冷靜，感情細膩而內斂，為人忠實可靠。他們不太喜歡與人交際，熟人圈子不大，通常比較喜歡靜靜地待在家裡。不過，他們熱愛勞動，做事認真，責任心強，而且也相當有耐心，因此他們通常都能成就一番事業。

C. 喜歡喝熱、濃，但不甜的茶

這種型別的人大多都積極樂觀，善於交際，喜歡熱鬧，生活中有大量的朋友和熟人。他們具有創造力和浪漫主義的天性，常常會有令人驚奇的奇思妙想。同時，他們很注重實際，要求極低，家庭觀念很強，非常重感情。他們性格剛強、堅毅，頭腦聰明、清晰，思考問題周到全面，做事認真自信，非常具有領導者的風範和能力，因此，十分受人尊重。

D. 喜歡喝冷、濃，但不甜的茶

這種型別的人通常都相當有才能，辦事能力相當強，而且善於交際。但是，他們愛表現自己，心胸狹窄，好猜疑，容易衝動，情緒化非常嚴重。雖然學識淵博，頭腦聰明，但由於對自己過於自信，從而導致他們在任何情況下都會固執己見，獨斷專行，聽不進去他人的意見。因此，他們的人際關係往往比較差，社交圈多半狹小。

E. 喜歡喝熱，不太濃、甜的茶

這種型別的人通常空間定向能力非常好，但他們往往有著很強的表現欲望，希望被人關注，自戀情結相當嚴重。此外，他們很有語言天賦，愛幻想，充滿浪漫主義情調和冒險精神。不過，在為人處事方面，他們多大而化之，不太注意生活中的一些細節。他們善於交際，為人熱情大方，不拘小節，並喜歡幫助他人排憂解難。由於他們在選擇朋友上十分謹慎，因此他們的熟人非常之多，朋友卻很少。

（2）口味嗜好

我們都知道，不論按產地還是按製作方式，茶都可以分為很多種類，而每個種類的口味往往都有著很大的差異。據心理學家分析，人們喝茶的口味嗜好，通常就是他們個性的反映。因此，我們不妨從人們不同的喝茶口味嗜好，分析、觀察他們的心理和性格。

A. 喜歡喝紅茶的人

紅色通常代表著熱情。因此，這種型別的人大多個性熱情，比較喜歡熱鬧，愛交朋友，喜歡與人互動。在感情方面，他們通常會把感情看得很重，不會輕易表露自己的心跡，一旦表露出來，他們就會非常認真地對待。但是，他們往往很容易衝動，心理承受能力比較差。

B. 喜歡喝綠茶的人

這種型別的人通常屬於忙碌的上班族，他們大多是完美主義者，喜歡追求完美，對任何事情的要求都很嚴格。他們個性非常古板、固執，有著強烈的占有欲，猜疑心很重，但大多相當有責任心，非常重感情，感情十分專一。

C. 喜歡喝黑茶的人

黑色通常意味著冷靜、壓抑。這種型別的人大多相當冷靜、理智，性格內斂，為人靦腆，不太善於主動與人互動，通常有著很強的責任心，對婚姻、家庭非常負責，比較顧家，但是他們往往缺乏生活情調，顯得不夠浪漫。

D. 喜歡喝奶茶的人

這種型別的人往往細心體貼，非常重感情，家庭觀念強，非常重視親情和愛情。他們天生具有奉獻精神，常常為他人無私地付出。他們對自己不擅長的事不喜歡動腦筋，與自己無關的事則沒什麼好奇心。

E. 喜歡喝水果茶的人

這種型別的人通常溫柔體貼，親切隨和，心胸開闊，不會挑剔朋友或戀人太多的缺點，時常像他們的家人一樣去關心對方。並且，他們往往充滿活力，擅長規劃自己的人生，而且有良好的理財觀念，比較善於持家，但進取心、功利心淡薄，比較容易滿足。

（3）場所嗜好

人們喝茶的嗜好真是花樣百出，不僅口味、方式各有不同，就連喝茶的場所也大有講究。如果我們對喝茶者所偏好的喝茶場所進行仔細的觀察，往往就會發現他們的這一嗜好與其性格特徵也有著非常密切的關聯。

A. 喜歡在家喝茶的人

這種型別的人通常比較保守，家庭觀念比較重，並且清心寡慾，與世無爭，對大千世界往往沒有太大興趣，比較關心家裡的事情。他們往往比較喜歡得過且過、優哉游哉地生活，甘於平淡。

B. 喜歡去街頭茶館喝茶的人

街頭茶館往往以物美價廉、小道消息多吸引顧客，並且在這裡還可以了解世俗風情。因此，常常進出這種地方的人，有囊中羞澀者，也有喜歡世俗風情或愛聽（傳）小道消息者。這種型別的人大多性情溫和，很少與人發生無謂的爭吵，而且，包容性和承受能力比較強，能承受生活的重擔。他們缺乏靈巧，隨機應變的能力比較差，但是他們有耐心，有毅力，吃苦耐勞，不怕勞累，不會偷懶，也不會發牢騷，再艱難的事業他們也能做好。

C. 喜歡上茶樓喝茶的人

現在，茶樓的收費都相當貴。一般來說，能夠經常去這種地方喝茶的人，大多都有一定的經濟基礎，再或者就是打腫臉充胖子者。這種型別的人大多爭強好勝，比較專斷，而且妄自尊大、自以為是，他們為人處事的態度比較強硬，從不願意承認別人比自己強，總覺得自己的意見才是正確的。但是，這種型別的人往往相當有魄力，敢作敢為，富有挑戰精神和冒險精神。

據調查，在約會時，人們考慮最多的因素是約會地點。在心理學領域，約會地點是揭示人們情感深層次心理的最佳指標。比如，一對情侶約會次數越多，親密程度越深，他們就越在意約會的地點。每個人的性格不同，其選擇的約會地點往往也不盡相同。因此，無論男女，從他們選擇的約會地點往往可以看出他們的個性。

（1）喜歡在車站等交通便利的地方約會

有些人為了方便，喜歡在車站等交通便利的地方與朋友約會，這樣說完話或辦完事上車就走人。這種型別的人大多性格比較急躁，辦事、思考問題講究效率，往往以便捷快速為出發點，很少顧及其他，雖然他們的辦事能力很強，工作也很出色，但是他們的人際關係往往很糟糕。

（2）喜歡在公園約會

這種型別的人往往具有領導的天賦，獨立性很強。他們性格外向，活潑開朗，待人熱情大方，往往相當受人歡迎。

（3）喜歡在酒吧、咖啡館等場合約會

這種型別的人大多感情豐富，處處追求舒適，很在意生活的品質，無論在什麼地方，總會讓自己生活得很舒服。他們性情溫和，為人熱情，通常有著很強的浪漫情結，渴望透過忍耐和毅力來贏得真愛。

（4）喜歡在家門口附近約會

這種型別的人通常比較老實，但性格比較外向，待人熱情，有很強的獨立性，做事大而化之、毛毛糙糙，不拘小節。在感情上，他們總是希望自己的愛情每時每刻都在燃燒，與自己的戀人時時刻刻不要分離。

總之，每個約會地點都有各自的長處，也都可以準確地揭示出約會者的人性。因此，掌握好適當的約會地點，不僅有助於增強彼此的感情，而且可以更深地去了解對方。

親吻是人們表達情感的最常用方式，是男女間的真情流露。據一項調查資料顯示，性格不同的人，喜歡親吻的部位往往也不同。比如，有的人喜歡親吻對方的額頭、鼻尖，有的人則喜歡親吻對方的臉頰、頸側等等。根據親吻部位的不同，大致可分為以下幾種型別：

（1）喜歡親吻頭髮的人

這種型別的人大多屬於溫柔多情型的人。他們喜歡追求完美的人生，對人付出感情則是他們的天性，而他們的這種感情多表現在父母對子女身上。此外，他們的忌妒心和占有欲望很強，因此在兩性關係上，他們很容易吃醋，而在感情生活中，則常常會受到挫折。

（2）喜歡親吻額頭的人

這種型別的人天性喜好和平，具有博愛精神和極強的洞察力，能夠了解、體諒別人的心事和痛苦。他們善於適應環境，積極創造人生，因此他們往往能給予人溫柔體貼的感覺。此外，他們人際關係良好，能夠與親朋好友保持良好關係，在感情上他們敢愛敢恨，但也很會利用別人達到自己的目的。

（3）喜歡親吻眼睛的人

這種型別的人往往相當有自信，對愛情十分專一，他們甚至可以為愛不惜犧牲一切，非常希望能夠降服心目中的情人。此外，他們不僅喜歡親吻眼睛，往往也喜歡親吻最性感地帶（包括生殖器）。有時候，他們可能會為了達到某個目的而利用對方，因此碰上這種型別的人，要多留個心眼。

（4）喜歡親吻鼻子的人

這種型別的人大多屬於雙重性格，在他們的愛情中必須也有友情，並且他們重感情、講義氣、渴望愛情、喜歡做愛，但玩性很重，性格有點漂浮，對愛情並不專一，無法專心談一場天長地久的戀愛，也不易建立良好的事業基礎。

（5）喜歡親吻臉頰的人

這種型別的人比較平和，希望以和為貴，十分重視友誼。他們能夠始終忠於愛情，相當尊重對方的感覺，對戀人會委曲求全地全面配合，因此能維持長久的愛情關係。此外，他們不在乎被人欺負，不記仇，容易原諒別人，但是比較容易被人欺騙。

（6）喜歡親吻耳朵的人

這種型別的人往往比較善解人意，洞察力極強，很容易就能猜中別人的心事，了解別人的痛苦。他們在感情上收放自如，敢愛敢恨，勇於表現自我。他們可能很會體貼別人，也可能很會作弄別人。如果他們是急功近利型的人時，就很會作弄別人，並且往往會利用別人達到自己的目的；相反，如果他們淡泊名利、與世無爭，則往往就很會體貼別人。

（7）喜歡親吻嘴部的人

這種型別的人通常是相敬如賓、表示禮貌感情的情人，對愛情非常專一，有強烈的道德觀，在他們看來，吻了就代表已經以身相許，並且他們認為有外遇非常對不起配偶。

（8）喜歡親吻脖子的人

這種型別的人對愛情通常三心二意，他們的熱情來得快，去得也快，往往需要性來配合愛情。因此，在他們心目中，天長地久的戀愛根本不存在，但是他們卻常常要求對方死心塌地地等待自己。一般而言，這種型別的人平生沒有什麼大的志向，但往往十分好色。

（9）喜歡親吻肩部的人

這種型別的人個性溫柔，又略帶害羞，性格比較內向，在精神上往往很需要安慰。但是，即使他們內心無比渴望安慰，也從來不會輕易地直接表達出來，常常喜歡以婉轉的方式要求他人。這種型別的人容易陷入別人的陷阱之中。

（10）喜歡親吻手臂的人

這種型別的人應變能力相當強，善於尋找人生的機會，並懂得試探別人的需求，從而尋找、掌控良好的機會。

（11）喜歡親吻手背的人

這種型別的人是典型的「情聖」，他們不僅懂得掌握男女感情，創造溫柔貼心的氣氛與情感，而且懂得伺機而行的方式，掌握住恰當的機會再進攻對方。他們非常有野心，事業、金錢、權力的欲望很強烈，愛情往往只是他們人生的點綴。

（12）喜歡親吻手心的人

這種型別的人通常是智慧型的人物，他們談吐文雅，品味很高，極富幽默感，並且領悟能力也很強。他們比較喜歡有品味的愛情，渴望得到對方的真心，並且，他們的性愛必須有濃厚感覺和良好的情感關係，十分懂得享受性愛。

（13）喜歡親吻腳和腳趾的人

這種型別的人是天生謙卑型的人，他們不喜歡或不善於表達感情，因此，很容易委曲求全地配合別人的需求而生活。生活中，他們往往比較喜歡尊重對方感覺，把對方視為自己生命中最重要的人物，性生活常以取悅對方為主。

（14）喜歡親吻腳心的人

這種型別的人大多是有性怪癖的人。他們的性欲通常比一般人要強烈，通常只喜歡特定型別的性愛伴侶，比如柔弱型的，或豐滿型的等等。總之，他們是為了享受性愛，而利用不同性愛伴侶的人。

當然了，在生活中要想準確而全面地辨別一個人，單從親吻這一個方面就下定論的話，未免有失偏頗。因此，如果我們要想真正地了解一個人，應該從他的穿著打扮、言談舉止、生活習慣等方面，進行綜合考察和全面了解。

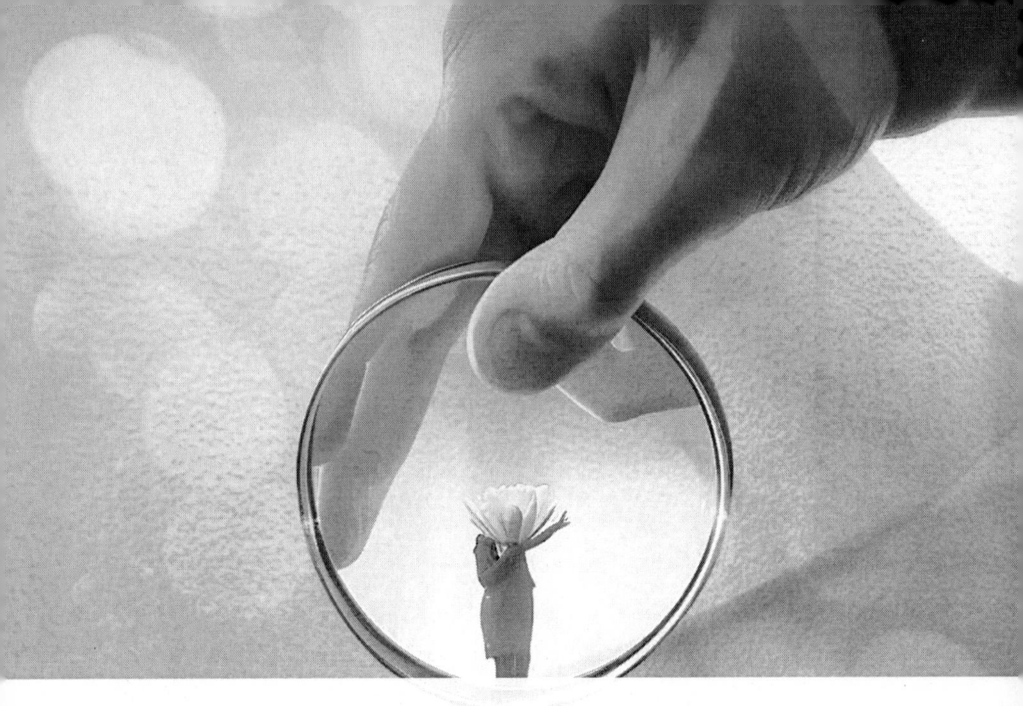

第四章
從社交方式看人識人

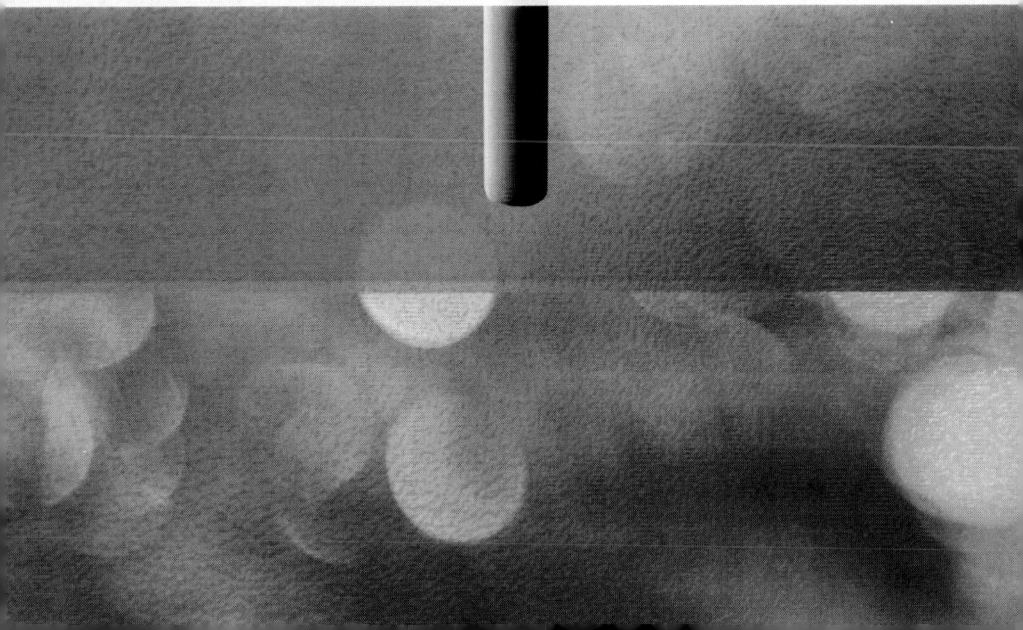

當一個人走入社會以後，需要面對的人和事就會越來越多，所遇到的情況也會越來越複雜，社交能力如何，不僅會對一個人的工作、生活會產生深遠的影響，而且往往是一個人能否成就事業的一個關鍵因素。如何才能使自己學會各種社交技巧，懂得如何在社交過程中辨別他人呢？這就需要我們具有敏銳的觀察力和洞察力，能夠在生活的點滴中見微知著，明察秋毫，快速地了解對方的性格特徵，看透對方的內心世界，從而準確地讀懂他人的社交訊號，使我們在社交的過程中如魚得水，縱橫自如。

在社交過程中，我們通常會接收到很多名片，這些名片雖小，但其花樣極其繁多，而且還包含了對方的很多資訊，比如，姓名、職業、職務、聯絡方式、工作內容等。一般來說，不同性格的人在製作名片時，其名片的用料、工藝，以及資訊內容，往往都不盡相同。因此，一個人的名片既反映了他在別人面前想要展示的形象，也反映了他的內心世界和性格特徵。所以，名片不僅是我們獲得對方資訊的工具，而且還是我們了解性格的重要途徑。

（1）使用黑白名片的人

這種型別的人大多是接受過正統教育的人，他們從小在家是聽話的好孩子，在學校是品學兼優的好學生，進入社會後辦事勤奮、認真，往往給予人勤勞、踏實的感覺，但是，他們做事比較喜歡照本宣科，對新鮮的東西不感興趣，總希望給予人循規蹈矩、遵紀守法的印象。在人際關係方面，他們屬於慢性子，短時間內，通常很難與他人形成親密的關係，並且他們也不願意與他人發生深層次的關係。

（2）使用壓膜名片的人

一般來說，壓膜名片的製作價格都比較高，製作工藝比較考究。因此，這種型別的人通常屬於比較講究的人，他們通常外表華麗而內心虛榮，常常為了顯示自己的大方，對一些特別能展現自己個性的東西，他們會毫不吝嗇。無論在什麼場合，他們常常以很特別的言行舉止吸引別人的視線和注意力，由於在實際工作、生活中，他們也十分聰明好學，且工作勤奮，所以他們一般情況下都能夠表現得相當含蓄、得體，給人的感覺也很不錯。

（3）使用鑲金邊名片的人

這種型別的人通常屬於拜金主義者，相信錢可以改變一切，信奉金錢至上的原則，往往會拚命地賺錢，希望透過金錢的裝扮來贏得他人的尊重。通常情況下，他們會毫不掩飾自己的拜金心態，也不介意他人知道自己唯利是圖、見錢眼開的本性。無論什麼時候，他們都會以自己的利益為重，常常會以極小的代價換取成倍的回報。但是，隨著年齡的增長和社會經驗的增多，他們逐漸也會明白「金錢乃身外之物」的道理。

（4）名片上不亮頭銜的人

名片上只有姓名、電話等內容，其他資料一概全無的人，一般有兩類：一類是已經有一定知名度，不需要再藉名片去自我宣傳的人，另一類則是故作神祕或不願意透露自己實際情況的人。無論是哪一類，他們大都不喜歡開放自己，不喜歡別人知道自己太多資訊。一般來說，這種型別的人大都心思細密，善於察言觀色，具有相當強的洞察力，而且非常有自信，相信自己可以解決一切問題。此外，他們討厭被別人管理，也不樂意驅使別人，喜歡過無拘無束的生活，因此，他們在擇業時，比較喜歡自由職業，或自己創業。

（5）名片上印有很多頭銜的人

這種型別的人大多虛榮心很強，總害怕別人小看自己，因此，亮出許多頭銜以說服別人，證明自己舉足輕重、有社會地位，而不是一般的人。此外，他們的自我表現欲望也相當的強烈，總是希望自己成為大家關注的焦點。有時候，他們為了表示自己很大方，並不是吝嗇鬼，往往會搶著付錢、買單。

（6）名片上附印有家庭地址的人

這種型別的人大多數都比較有責任感，他們不怕麻煩，思考問題比較周到、全面，在遭遇突發事故時，可以緊急聯絡，迅速解決問題。此外，他們的工作、社交能力都相當優秀，做事成熟穩健，常能有所不為，但是，有時候也會因為公事與家事不分，而遭受他人非議。

（7）名片上印有別名或綽號的人

這種型別的人個性比較強，大多心理叛逆，思想偏激，做事常無法與其他人合拍。在為人處事方面，他們一般比較小心謹慎，甚至有點神經質，常常會有一些無端的猜疑，同時，也會懷疑自己，使得自己往往非常自卑，缺乏剛毅性、堅忍性，因此，在遭遇困難或災禍時，缺乏足夠的信心，總認為逃避就是勝利，而沒有面對現實的勇氣及解決問題的辦法。但是，他們往往富於獨創性，常常會有一些新奇的想法。

（8）名片上用粗大字型印名字的人

這種型別的人一般個性比較強，表現欲望強烈，總是喜歡表現、強調自己，希望以此吸引他人的目光。並且，他們的功利心相當強，相當任性，但在為人處事方面則表現得相當平和、親切，頗有紳士風度。此外，他們善於隱藏和掩飾自己，懂得掌握分寸，遇到利益時，他們不會拱手讓給別人。

（9）同時具有兩種身分名片的人

這種型別的人往往精力充沛，具有一定的能力和實力，可以同時應付幾件事。他們往往深謀遠慮，眼光和思考都比一般人要開闊，能夠看得很遠，常常會有一些長遠的想法或看法。並且，他們的興趣相當廣泛，創造性很強，懂得很多別人不懂的東西，常常會有一些驚人之舉。但是，也有一些人之所以持有兩種不同身分的名片，是因為他們一邊在應付本職工作，暗地裡一邊做自己的事情。

（10）在名片上記錄交換時間及地點的人

這種型別的人屬於慎重派的代表人物。他們通常做事認真、仔細，為人謹慎、小心，並且興趣廣泛，人際關係非常好。他們非常注重人際關係的維護，以及人際圈的拓展，為了防止遺忘或記錯對方，往往會在交換名片時做上標記。因此，他們給人的感覺往往是記憶力強健，重情重義，夠朋友。

（11）到處發名片的人

有些人不分時間、地點、場合，不管見到什麼人，都會從身上摸出一張名片遞給對方，就像在大街上發傳單一樣。這種型別的人大多屬於想販賣自己的野心家，他們有著強烈的表現欲望，渴望得到別人的重視，也希望自己能夠獲得機會、獲得成功。但是，由於他們不善於規劃，做事過於盲目，往往很難達到自己的目的。

（12）以別人的名片自傲的人

我們都知道，一張名片往往就代表著一個朋友、一份資源。一些人非常了解這一點，因此，他們動輒就炫耀似的掏出很多別人的名片，並以此為自己的驕傲。這種型別的人大都以自我為中心，喜歡一些表面的東西，並常常以此為本錢向別人炫耀。他們通常相當擅長交際，有很強的活動組織能力，善於與人互動，並且口才也很好，說話絕不會出任何紕漏，因此很能夠獲得他人的喜歡，在社交中很容易獲得成功。但由於他們太容易輕許諾言，因此在與他們商談正事之前，最好先立下約文保證。

在生活中，大部分人在交談之前，往往都會先說一段開場白。雙方見面後，如果沒有說開場白，就直接說出自己的來意，以及要做的事情，很可能會讓對方產生誤會，從而導致對方心有戒備，而不易進行交流、溝通，因此在社會交際中有著非常重要的作用。一般來講，開場白就是人們正式交談之前的引子，是切入正式內容的過渡，通常沒有什麼實際的意義。但是，它作為人們交流活動的開始，往往可以從中反映出一個人的心理活動及性格特徵。

（1）開場白過長的人

本來明明可以三、兩句話就可以說清楚的開場白，有些人偏偏喜歡拖得很長，這樣既浪費時間，又使聽者很難抓住談話重點。這種型別的人往往都能體諒他人，他們擔心簡單、直接地談問題重點，會給對方造成衝擊，不僅使對方難以理解透澈，而且心理上也難以接受，因此，他們故意拖長了開場白。這也充分說明了，說話者對自己缺乏足夠的信心。整體而言，這種型別的人大多屬於慢性子，他們注重邏輯，講究規畫，說話慢條斯理，做事小心翼翼，往往沒有闖勁，也缺乏冒險精神和挑戰精神。

（2）開場白過於簡短的人

這種型別的人則恰恰與前者相反，他們總是擔心別人不耐煩，或自身性格急躁，開場白往往只有簡短的幾句話，乾脆俐落，不婆婆媽媽，更不拖泥帶水，反而真的有可能會使對方誤會，或心存顧慮，從而留下不好的印象，影響了正常的交流和溝通。一般來說，這種型別的人在性格上講究效率、節奏，不喜歡繁文縟節，討厭在沒意義的事情上浪費精力和時間。

（3）開場白過於空談的人

還有一些人說話沒有主題，也沒有重點，言之無物，他們看似滔滔不絕，其實已經離題萬里，聽者根本不知道他們想要表達什麼。這種型別的人往往缺乏對自己的認識，而又非常愛表現自己，結果往往適得其反，不僅把聽者說糊塗了，而且到最後就連他們自己也不知道要表達什麼了。一般情況下，這種型別的人通常不善於思考，缺乏語言組織能力和邏輯思考能力，做事沒有頭緒，往往一陣瞎忙碌，到最後卻總是沒有把事情做好。

（4）開場白長短適中的人

這種型別的人性格比較外向，心思縝密，善於觀察，具有很強的洞察力，非常善於與人互動，因此，他們往往能夠把開場白拿捏得恰到好處。同時，他們通常相當有自信，做事認真、仔細，具有一定的知識水準，往往能夠把人際關係處理得很融洽，能夠擔當起領導他人的責任。

平時上下班或出門辦事，人們乘坐公車、捷運或計程車等交通工具時，往往會潛意識地選擇一些座位，有的習慣坐在司機旁邊，有的習慣坐在車門附近，有的則習慣坐在車尾……這些細微的舉動看似不起眼，其實，已經在不經意之間展示了一個人的個性和內心。

（1）習慣坐在司機旁邊

一般情況下，只有計程車司機旁邊才有位置可坐，並且，坐在這個位置上的人大多是準備付車費的。因此，這種型別的人大多慷慨大方，即使自己不闊綽，但也總是樂於為別人付出。他們性格開朗，熱情、率直，善於為他人考慮，比較喜歡與人互動。他們具有很強的判斷能力，做事往往相當沉穩、理智，因此他們的人際關係很不錯，在事業上也比較容易獲得成就。

（2）習慣坐在司機後面

這種型別的人大多缺乏主見，在發表自己的意見時，總是喜歡滔滔不絕地引用別人的話，很容易在別人的影響下捨棄自己的觀點、計畫。他們做事優柔寡斷，判斷力不強，需要經常得到旁人的指點。

（3）習慣坐在前車廂中間的窗戶旁

這種型別的人通常都比較喜歡思考，他們頭腦冷靜，做事理智，有很強的觀察力和判斷力，善於明哲保身，比較淡泊名利，非常不願意自己捲入到是非糾紛中去。並且，他們個性獨立，十分注重個人空間，喜歡有一定的時間和空間獨處。

（4）習慣坐在通道旁

這種型別的人通常自信心都比較強，很有主見，但比較固執，很少聽得進不同意見，他們喜歡按照自己的方式去處理問題，不願意受到約束，尤其喜歡按照自己的意願生活、學習和工作。

（5）習慣坐在車門旁

車門旁的位置通常是上下車最方便卻又最麻煩的一個位置。這種型別的人好奇心很強，他們常常會心血來潮地做一些大事，但總為自己留著一條冠冕堂皇的退路，因此，他們往往不能投入地參與某件事情。並且，他們比較喜好自由，講究生活品質，對自己的事業比較熱衷，但不會為金錢賣命，也不會只有事業而沒有生活。

（6）習慣坐在後排左邊

這種型別的人通常敏感多疑，自我保護意識很強，他們往往對自己的評價很高，很難接受他人的意見或建議。因此，他們通常顯得很自以為是。

（7）習慣坐在後排中間

這種型別的人比較喜歡安穩、祥和的生活，不喜歡冒險，也不願意來回奔波。他們大多相當踏實、穩定，做事負責、認真，但不懂得變通，總是一板一眼的，而且，他們缺乏應變能力，不善於處理各種人際關係。

（8）習慣坐在後排右邊

這種型別的人善於為他人考慮，很受人尊敬和歡迎，而且，他們比較善於計劃和安排，思考問題十分周全、仔細，盡可能做到防患於未然，很少做沒準備的事，因此，即使有危機出現，他們也能夠遊刃有餘地處理好。

（9）習慣坐在車尾部

車尾部通常可以綜觀全車，而且這個位置是一輛車最安全的地方。在現實生活中，這種型別的人一般都比較冷靜、理智，善於傾聽、觀察和思考，喜歡用自己的眼睛去觀察社會和人生，且十分注重自身的安全。在為人處事上，他們往往做旁觀者或中立者。

（10）習慣坐在單人座位

這種型別的人通常顯得比較冷傲、清高，不容易與人互動。他們大多喜歡獨來獨往，在性格上相當孤僻，自我保護意識很強，不太願意與陌生人交流，對其他人有著很高的警惕性。

（11）習慣站著

在公車或捷運上，明明有座位，而經常會有人寧可站著也不坐。這種型別的人除了少數有特殊原因不能坐，大多數都有著比較強烈的表現欲望，總是喜歡做出一些與眾不同的舉動，希望自己能夠成為人們注意的中心。很多時候，他們為了表現自己，能夠忍受痛苦。

一個人一生當中寫得最多的幾個字，無疑就是自己的名字。在日常生活中，人們最常做的事情之一，就是揮筆簽寫自己的名字。而一個人的簽名，往往能夠在無意識中反映、展現出一個人的性格。俗話常說的「字如其人」，講的就是這個道理。因此，我們不要小看了這個細節。

（1）簽名的字很大

一些人在簽名時，往往把自己的名字寫得很大，顯得比其他字型突出很多。這種型別的人大多非常有自信，自尊心強烈，自我意識也很強，他們很重視自己的外在形象，有著相當大的野心，且表現欲望強烈，常常會做一些引人注目的事情，以吸引他人的關注。雖然他們做事迅速、有目的性和計畫性，但是他們常以自我為中心，做事魯莽，不注重細節。

（2）簽名與正文的字一般大小

這種型別的人性格溫和，平易近人，能夠體諒別人，並且，他們比較理性，注重實踐，對外界環境適應能力相當強，因此，比較容易與人相處。但是，他們的性格大多比較複雜，通常比較多變，或者不能很好地掩藏自己，總顯得喜怒無常，經常讓人抓不到頭緒，無從下手去了解他們。

（3）簽名的字很小

這種型別的人一般缺乏自信，相當喜歡內省，不喜歡被別人注意。但是，他們為人謙虛樸素、謙卑恭順，辦事認真細心，有著良好的觀察力和專注力。由於他們過於謹慎小心，警覺性很高，容易受外界環境的影響，非常在意別人對自己的看法，從而導致了性格上的軟弱、自卑。

（4）簽名的字小，極其擁擠

這種型別的人在性格上一般都有自卑感，性格較內向，為人做事小心謹慎，自我感覺不強烈，他們不太會在意其他人怎樣看自己，只要是自己認為做起來有意義的事情，就會義無反顧地去做。在生活上，他們不希望浪費，喜歡精打細算，但事實上，他們並沒有節省什麼錢，該花的錢其實他們已經都花了。

（5）簽名的字型垂直

這種型別的人頭腦理智、清晰，自我控制力強，行事謹慎、有節制。他們注重實踐，獨立自主，原則性很強，喜歡根據自己的分析判斷來做決定，一旦做出決定後，就不容易改變。

（6）簽名的字型向左傾斜

這種型別的人性格內向，不喜歡說話，也不願意與人接近，表面上看似乎很冷漠、自大，但實際上，他們慷慨大方，富有同情心，待人友好，而且思想上積極進取，交際能力和行動力很強，富有奉獻精神和集體主義觀念，對家人和朋友很有責任感。但是他們在感情上比較壓抑，不善於表達自己的情感。

（7）簽名的字型向右傾斜

這種型別的人與前者恰恰相反，但有一個很明顯的類似點：不善於表達自己的情感。他們看起來熱情大方，待人友好，彬彬有禮，屬於很善於社交的人物，但事實上，他們比較冷漠，且意志也比較薄弱，很容易受他人影響。

（8）簽名的字不斷上升

這種型別的人通常爭強好勝，很有野心，並且自信十足，堅信自己必勝。同時，他們善於思考，具有很強的邏輯思考和計畫性，他們在做事之前，一般都會有一番比較嚴密的思考，然後制定出一定的計畫和方案步驟，最後在確保不會有多大閃失的情況下，才會行動。他們意志堅強，不怕失敗，從來不會輕言放棄。

（9）簽名的字不斷下降

這種型別的人通常沒有進取心，且缺乏自信，對自己的現狀有很大的隱憂。在面對某一問題時，他們總是缺少足夠的信心和耐力，時常會有疲勞，甚至無法承受的感覺，從而妄圖採取逃避的方式拒絕承擔責任。

（10）簽名下畫一條波浪底線

這種型別的人大多比較圓滑、世故，有著高超的社交手腕和超強的心理素質，能夠從容應對各種場合，談笑自若地面對不同的人群。因此，在任何時候，他們都能夠使自己處於有利的位置，占據主動而不是陷入被動。

（11）與學生時代的簽名一樣

這種型別的人外表雖然看起來顯得相當成熟，但他們在實質上還是不成熟的，他們常常會有一些聽起來很幼稚，根本不切合實際的想法，但是，他們自己往往感覺不到這一點。

在現代人的社交生活中，喝酒是一種重要的社交方式。一些細心的心理學家和行為學家對人們喝酒時握杯的方式，進行了長時間的研究，他們發現：每個人不同的握杯的方式，往往可以表現出喝酒者不同的內心世界，以及性格上的差異。

（1）手握酒杯上方的人

這種型別的人個性相當爽朗，他們不拘小節、樂觀大方，是個樂天知命的人。並且，他們溫柔體貼，心地善良，富有同情心，說話時嗓門比較大，喜歡邊喝酒邊聊天，交際廣泛，深得朋友愛戴。但是，他們往往比較脆弱，心理承受能力較差，比較缺乏安全感，下意識當中表露出愛與被愛的需求。

（2）手握酒杯中央的人

這種型別的人往往適應性比較強，對人極為友善、親切，能給予人安全的感覺。而且，他們性格外向，善於交際，是「好好先生」，不懂得拒絕別人的請求，即使自己心裡很不樂意，但是表面還是和顏悅色，通常都能夠將朋友委託的事盡力做好。

（3）手握酒杯下方的人

這種型別的人多半具有藝術家的天分，他們性格內向，比較靦腆，很在意細節，常會為一些小事無故彆扭起來。

（4）手握酒杯底部的人

這種型別的人一般都有相當突出的領導才能，他們做人做事都比較霸道，具有很強的領導欲望，容不得錯誤和背叛。但是，他們張弛有度，通常都能夠知人善任。

（5）雙手握住杯身的人

這種型別的人性格內向，比較害羞，不擅長與人互動，因此，常常獨來獨往，很少與人主動來往。不過，他們有著很強烈的與他人接觸的意願，很想與他人快樂地交談，但往往很難做到。他們對異性頗感興趣，關心度很強烈。

（6）喝酒時搖晃杯子的人

這是非常少的持杯姿勢，多數狀況是「把玩」。習慣性把玩酒杯，或者多次出現同一個動作的人，他們通常表面隨性豁達，但城府極深，成熟老練，善結人緣，但沒有長久的朋友，只有利益上的朋友。此外，他們比較好動，對新鮮事物很感興趣，對異性有著強烈的占有欲望，攻擊性較強。

（7）背手拈杯的人

手背向內，對著酒杯，用食指和中指夾住杯柱，手背支撐杯體，動作優雅、美觀。這種型別的人大多屬於女性高級服務生或調酒師，他們通常文化素養比較高，且外表大方、高雅，氣質非凡，心思細膩，處事得體。

（8）一邊拿杯子一邊抽菸的人

這種型別的人個性很強，很有自尊心，而且，富有創新精神，對自己也相當有自信，如果能從事自己有興趣的工作，往往能充分發揮實力。但是，他們人際關係方面卻不怎麼好，經常獨來獨往。

無論握杯喝酒還是握杯喝水，這個在日常生活中頻繁發生的小動作，不僅可以看出人們不同的行為方式，而且可以強烈地反映出人們的不同性格和心理。因此，在參加親朋好友的宴席或公司聚餐時，我們不妨試著觀察一下大家握杯的方式，看一看身邊的人都是什麼性格。

在日常交際中，喝酒是不可避免的應酬，有些人一喝酒往往就會判若兩人，表現出一些反常的行為舉動，垂頭喪氣、昏昏大睡、滔滔不絕地說話，甚至大吵大鬧，而有些人則若無其事、依然故我。其實，大多數人酒醉後表現出來的行為舉動，常常是與其真實個性相反的。要想準確地掌握一個人的真實性格，我們需要仔細地觀察他酒醉時的表情、動作。下面我們就來分析一下酒醉後的各種行為舉動，以及與之相對應的不同個性。

(1) 滔滔不絕、天南海北地不停說話

有些人性格內向，平時彬彬有禮、沉默寡言，一旦喝了酒就滔滔不絕、天南海北地不停說話，多半是人際關係出了問題。這種型別的人性格上屬於一絲不苟、嚴肅型的人，他們做事喜歡循規蹈矩，對待上司或長輩的態度相當恭敬，對其他認識的人也十分尊重，凡事一絲不苟，對於女性也很認真，絕不會開玩笑。由於他們平日對自己的要求很高，經常處於緊張狀態，因此，酒後有這種行為正好發洩平日被壓抑的情緒。

(2) 大吵大鬧，動作誇張

有些人在平時看起來很溫順的樣子，一旦酒醉之後，就變得脾氣暴躁，喜歡大吵大鬧，做出一些很誇張的動作，甚至到處生事。這種型別的人天生性格剛烈，容易發脾氣，而且反抗心比較強，有些欲求不滿，只是平日懂得控制情緒，沒有將真正的一面顯露於人前。

(3) 情緒低落，垂頭喪氣

這種型別的人給人的第一印象往往是非常膽怯，但事實上，他們平日活潑好動，做事積極，經常能為身邊的朋友帶來歡樂，是眾人眼中的「開心果」，但是，往往也具有比較強的攻擊性，因此，在無形中會樹立許多敵人。他們之所以酒

後顯得情緒低落，垂頭喪氣，這是因為潛藏在他們內心的不安和危機感一下子釋放了出來，使內心極度迷惑造成的。

（4）打瞌睡，或呼呼大睡一場

有些人一喝酒，立刻就會抱著手臂打起瞌睡，或者喝完酒後，立刻就會呼呼大睡一場。這種型別的人大多個性內向，心思縝密，意志薄弱，優柔寡斷，做任何事都欠缺信心，怕得不到別人的認同，對緊張的生活感到十分疲倦，所以每當喝醉之後，平時所累積的疲勞一旦崩潰，便會大睡一場。

（5）流淚，或哭泣

這種型別的人屬於浪漫主義者，大多個性內向，感情熾熱，具有強烈的自我意識，經常過分地壓抑自己強烈的感情，但是，他們一旦愛上一個人，就不會壓抑自己的感情。並且，他們平日大多誠實待人，痛恨別人欺騙自己，多數對性要求很強烈。

（6）旁若無人，引吭高歌

這種型別的人將工作和私生活劃分得很清楚，天生不畏懼失敗，往往能將自己的個性和技術在工作領域上發揮得淋漓盡致。他們性格開朗、活潑，富有活力和冒險精神，而且十分自信、隨和。這種型別的人值得信賴，並且很有發展前途。

（7）若無其事，和平常一樣

這種型別的人多半性格內向，很有城府，小心謹慎，不喜歡暴露自己的缺點，也有少數人可能曾經因為酗酒而誤過事，所以，他們經常抱著適度的警戒心。

（8）愛碰觸異性的身體

這種型別的人大多是中小企業的老闆，或平常緊張程度較高的職業。他們愛想入非非，比較有心計和城府，往往因為自己的欲求不能獲得滿足而愛發牢騷，抱怨世俗的一些瑣事。當性事、金錢、工作或其他欲望無法得到滿足時，他們往往心存怨氣，從而做出此種舉動。

（9）不斷地挑釁：「乾杯……」

這種型別的人表面相當溫和，其實個性頗為頑固，並且工於心計，冷漠無情。他們平常非常溫順、和善，喝多酒了有時會無意識地亂發脾氣，周遭的朋友們往往會被這突來的舉動弄得不知所措。

（10）向他人（尤其女性）勸酒

這種型別的人性格外向，善於交際，虛榮心相當強，總希望對方和自己是對等的，他們屬於保守防衛型的人。如果他們熱心地向異性（尤其女性）勸酒，則是對異性有著強烈的憧憬和支配欲；如果他們在勸酒前，先問對方「要喝嗎」，則說明他們有很好的自制力，能抑制自己的感情，比較尊重他人；相反，如果他們不管別人意見如何，只顧自己倒酒、勸酒，則說明他們非常自我，希望別人順從自己的想法。

總之，每個人酒醉後都會有不同的行為舉動，從這些行為舉動中，我們通常都可以了解到自己或身邊朋友的真正性情，對我們的社交及人際關係的維護和拓展非常有益處。

有很多時候，我們往往會被一個人的外表矇蔽了雙眼，看不出他屬於哪一種人，也無法準確地了解他。其實，我們從一些生活細節上，就可以看出這個人到底怎麼樣。比如，在咖啡館或餐廳用餐時，透過人們挑選的位置或者對座位的特殊偏好，我們就能夠讀出人們內心的想法和真實的性情。

(1) 習慣坐在入口位置的人

一些人在用餐時，通常習慣選擇靠近入口的位置，儘管人來人往，非常嘈雜，但他們往往並不在乎。這種型別的人意志堅定，凡事不屈不撓，他們熱情、急切，動作、生活步調都很快，神經總是繃得緊緊的，是典型的急性子，同時，他們具有很強的觀察力，擁有不斷上進、追求新奇的活力。但是，他們剛愎自用、固執己見，有自以為是的傾向。

（2）習慣坐在靠窗位置的人

靠窗位置的光線比較好，而且還可以透過窗戶看外面的風景，因此，不少人都喜歡坐在靠窗的位置。這種型別的人相當大眾化，但是，他們大都個性明朗，外表平和，內心卻十分剛強，而且也比較理智，待人親切、和藹，崇尚健康、光明、自由的生活。他們處理事情比較有彈性，珍視每一分錢財，懂得規劃，能夠按部就班地邁向成功。

（3）習慣坐在中央位置的人

一般而言，去餐廳挑選位置時，有人喜歡特意地挑選中央的位置，很顯然，這種型別的人好勝心強，非常有自信，有著強烈的表現欲望，他們舉止張揚，習慣以自我為中心，希望成為眾人的焦點，總認為自己是最優秀的一員，但事實上，往往不能達到他們想要的效果，反而會引起別人的不服氣。整體來說，這種型別的人表現驕傲，處處愛出風頭，具有強烈的控制別人的意圖，所以，他們的知己朋友通常並不多。

（4）習慣坐在牆角位置的人

這種型別的人屬於情感豐富，較為敏感的一類人，稍微的不如意就會使他們感到無比的沮喪和低潮。他們表現欲望不強烈，具有很強的防範心理，不希望別人注意到自己，喜歡站在局外人的角度觀察各個角色在人生舞臺上的演出。他們通常害怕冒險，渴望平穩、安定的生活，對愛情的感應非常敏銳、細膩。

（5）習慣面對牆壁坐著的人

這種型別的人性格孤傲、清高，自我意識很強，他們不喜歡與別人互動，更不願意去招惹別人，因此，也希望別人盡量不要打攪他們。他們通常熱衷於埋頭自己的世界，而無視外界的存在。

現在，人們在外面飯館或餐廳裡進餐很常見，據心理學家調查分析發現，大約有 80% 的人在外面進餐選擇座位時，都與他們的心理、性格有著密切的關係。因此，從一個人選擇的餐廳，以及他選擇的座位，我們可以準確地判斷出他的真正性情。

禮物是人們對自己智慧和才幹的展示，更是對他人理解、認可的展現。不論是出於對某人的真心祝福，還是出於一種人際關係的需求，送禮者都會根據對方的性別、愛好、性格和地位等，選擇一份最合適、最能表現自己的禮物。不同的禮物不僅能展現送禮者的真情厚意，而且還能反映送禮者的性格。因此，我們可以透過送禮者所送的禮物，了解和判斷對方的性格。

（1）送實用的禮物

在選擇禮物時，有些人總是喜歡選擇那些非常實用的東西，雖然這些很實用，但是往往最令人失望，也容易引起接收人的誤解。這種型別的人相當注重實際，但是常常以自己的標準去要求別人，其結果往往並不如意。他們大多缺乏浪漫，沒有什麼想像力，也沒有長遠的目光，而且人際關係也很一般。

（2）送虛華的禮物

有些人在選擇禮物時，總是花相當少的錢選購禮物，追求一些表面上的東西，並總是希望對方相信這是相當有內涵的禮物。其實，這種型別的人與他們的禮物一樣，虛有其表。他們很注重自己的外在形象，也很在意別人的評價，而且虛榮心很強，希望得到別人的重視和關注，然而，由於他們方法不當，結果往往適得其反。

（3）送貴重的禮物

生活中，常常有些人雖然分不出流行和落伍，有品味和沒品味，但他做事喜歡大大方方，為了送禮不惜重金。他們通常認為，在禮物上花的錢越多，說明禮物越貴重，也越能顯示自己對受禮者的尊重和情誼。這種型別的人虛榮心很強，非常好面子，有些不切實際，而他們過度的慷慨，其本質上往往是強烈的占有欲，希望對方能夠回報自己更多。

（4）送便宜的禮物

有些人送禮其實就是為了走走過場，他們總是希望能夠透過一些便宜的禮物向對方表達自己深層次的感情，雖然這樣做往往不能造成什麼效果，但他們還是一再地這樣做下去。這種型別的人一般為人十分吝嗇，常常希望透過比較小的付出獲得比較多的回報，而且他們個性衝動，沒有什麼氣度，容易與人發生摩擦，常常為了一丁點小事，而與別人斤斤計較。

（5）送自己喜歡的禮物

在送禮物時，有些人喜歡憑自己的喜好去選擇一件禮物送給別人。這種型別的人大多比較自私，凡事喜歡從自己的立場或角度出發，往往很少顧及他人的感受。同時，他們視野短淺，缺乏遠見，只著眼於現在，很少放眼於未來，並且，他們嫉妒心很強烈，相當自大，總是以自己的思想和標準去衡量和要求他人。

（6）送自製的禮物

不少人喜歡送自己製作的禮物給別人，而不是去購買。這種型別的人大多個性比較強，想像力和創造力都很不錯，而且還具有很強的手工能力。他們通常勤勞，重感情，富有愛心和同情心，待人親切隨和，喜歡幫助別人，因此，他們都有著相當好的人際關係。

（7）送幽默、個性、富有意義的禮物

有些人送禮不一定是最貴的，但一定是最講究的。他們的禮物大多幽默、個性、富有意義，往往能夠給受禮者帶來極大的快樂和感觸。這種型別的人大多十分聰明，他們善於動腦、動手，有著很強的觀察能力和洞察力，並且為人熱情開朗，待人親切隨和，因此，往往相當有人緣。

總之，一個人在選購禮物時，會盡可能地表達自己心中的願望或想法，使受禮者感受真摯的情感和溫暖的情誼，但是，也恰恰表露出了送禮者的真實想法。因此，我們可以說，一個人所贈送的禮物，代表了一個人選擇表現自己的方式，也正是他們真實情感和性情的流露。

曾經有位著名的雕刻家說：「雕刻就是把不需要的部分去掉的一種藝術。」這句精闢、獨到的話，不只是適用於藝術，既適用於人生，也適用於人際往來。簡而言之，交朋友的藝術其實就是分辨哪些人可交、哪些人不可交的一種藝術。

「與汙穢者為伍，自己也得汙穢；與潔淨者相伴，自己也得潔淨。」因此，我們應該悉心結交一些志同道合、情趣相

投的朋友，在工作、生活上相互攙扶、共同前進。那麼，究竟哪幾種人不可往來呢？

（1）心胸狹窄的人

這種型別的人往往有一個顯著的特點：不能容忍別人比自己強，一旦別人比自己強，他們就心神不定、煩躁不安。他們不僅不能容忍身邊存在比自己強的人，而且還不能吃一點點虧。很多時候，他們不是想辦法提升自己，而是盤算著如何削弱對手，將對手扳倒；此外，他們的報復心理極強，不能忍受別人對自己的任何觸犯與傷害，一旦誰觸犯或傷害自己，他們就想方設法地報復對方。

（2）自私自利的人

其實，世界上的每一個人都或多或少地有一點小小的私心，但是，在大是大非面前，很多人通常不會只想著自己，為自己謀私利。不過，也有一小部分人只考慮自己的利益，只對自己好，從不把自己以外的任何人當回事。這種型別的人最易傷害與他最親近的人，他們往往為了一點蠅頭小利，不惜出賣、背叛親人朋友，以達到自己的欲望。

（3）不學無術的人

這種型別的人通常不願學習，厭倦學習，遊手好閒，無所事事，不思進取，除了吃喝玩樂，其他事情基本不懂。工作、生活上，他們好吃懶做，不僅工作不努力，拖拖拉拉，而且還想多拿錢，斤斤計較。此外，他們通常極端自私，一切以自我為中心，有利的事就做，無利的事就不做，並且，還有相當強烈的報復心理。

（4）忘恩負義的人

這種型別的人一般有兩大類：一類是不孝敬自己父母的人，另一類是對幫助過自己的人，不僅不知恩圖報，反而以怨抱德的人。如果一個人連自己的親生父母都不孝順，其感情的冷漠、冷血程度可見一斑，因此，他們在必要的時候，通常也會隨時出賣朋友，以換取自己的利益。此外，有句老話：「滴水之恩，當湧泉相報。」如果有些人對自己的恩人不僅不知恩圖報，反而以怨報德，那麼，如果我們再與他們往來，無疑是引狼入室，自掘墳墓！

（5）沒有信譽的人

信譽是一個人基本的品格表現。如果一個人連小小的承諾，都不能遵守的話，其人品就可見一斑了。這種型別的人最典型的特徵就是借錢不還，借錢時有一百個理由，不還錢有一千個理由。其他細節還表現在：誇誇其談，愛吹牛，說話前後矛盾，總是遲到……遇到這種型別的人最好避而遠之。

（6）見利忘義的人

這種型別的人往往沒有什麼生活原則，最拿手的看家本領就是：見利忘義，唯利是圖。他們最突出的表現就是：愛占便宜，吃虧難受，占不到便宜就立刻不理你。一旦哪裡有利可圖，他們就會像「萬能膠」一樣，黏糊糊地黏在那裡，甩都甩不掉。

其實，現實生活中不宜深交的人遠遠不只這些，還有很多，比如：缺乏責任感的人，損人利己的人，搬弄是非的人，睚眥必報的人……上面所講述的這些型別，只是生活中的一部分，他們往往披著華麗的外衣，讓人很難一眼就看透，因此，我們要想準確地辨別哪些人可交、哪些人不可交，就需要在生活、工作中多留心觀察了。

日常生活中握手是最常見的一種禮儀，不管是老友相會，還是初次見面，通常會以握手來問好。如果是初次見面的人，通常都是比較客氣的，不會輕易地將自己的性格表現出來，但是，只要你多留意，透過握手也能判斷對方的性格，它比根據儀器檢測的血型判斷性格還更直接、準確。

（1）握得緊且強而有力

這種型別的人大多主動性強，對自己很有自信，待人熱情真誠，做事很認真細心，一絲不苟，責任心強，比較理性，通常是幫理不幫親，人緣非常好。但是他們不夠圓滑，經常因不懂得隨機應變而碰壁。

（2）握手沒有力度

這種人在與他人握手時，手握得不緊，手指頭軟弱無力，一副無精打采的樣子。他們一般缺乏自信心，比較悲觀，喜歡妄自菲薄，事情還沒開始就覺得不會成功。此外，他們缺乏責任感和積極性，做事猶豫不決，喜歡得過且過。

（3）靈活圓滑而有彈性

如果在握手的時候，對方的手掌肌肉結實且有彈性，則表示這種人比較有自信，聰明智慧，有頭腦，做事能屈能伸，容易獲得他人的信任，堪稱八面玲瓏的社交能手。與他們往來通常可以學到很多東西。

（4）遲疑不定

這種人握手時顯得很遲疑，無法決定要不要跟人家握手，而當對方斷定他不會跟自己握手而把手縮回去時，他又突然把手伸出來。這種型別的人性格內向，缺乏判斷力，膽子小，做事猶豫不決，總是瞻前顧後。

（5）主動握手

這種型別的人，大多數做事相當積極、認真負責，個性外向，很有上進心，性格開朗大方，待人熱情，為人樂觀自信，喜歡與他人互動，並且人際關係很好。

（6）誇張搖晃

這種人握手時的動作相當粗獷，不僅雙手緊合，而且還不停搖晃。他們具有堅定的意志，秉性剛強，但為人虛偽，比較愛面子，自我表現欲望強烈，做事喜歡虛張聲勢，通常讓人望而卻步，因此人際關係不是很好。

（7）點到即止

這種人握手的時候往往是僅把手指頭伸出，且握完很快便縮回手，猶如蜻蜓點水般。他們大多數生性瀟脫，做事快刀斬亂麻，不會拖泥帶水，但比較草率，不夠認真，喜歡急於求成。同時，他們對什麼事情都毫不在乎，易與他人親近，也易與他人關係生疏，通常只適合做點頭之交。

（8）長握不放

握手動作靜止，良久不放的人，通常容易感情用事，容易公私混淆，好勝心強。但是他們待人熱情，重情義，是屬於那種「朋友有難，兩肋插刀」的人，但如果別人冷落他們，則會大為不悅。

（9）像老虎鉗一樣緊握

這種人出手猛烈，握時用大勁，就像一把老虎鉗，直握到對方叫痛。他們一般性格衝動、剛烈，爭強好勝，待人冷淡漠然，往往是有脾氣就會發洩出來，很難化戾氣為祥和。此外，他們的占有欲很強，希望自己能征服、領導別人，不容許別人背叛他。

（10）握手時把手往外推

這種人大多自我防禦心理很強，缺乏安全感，個性保守封閉，喜歡隱藏自己，不太相信他人，不會輕易地讓別人了解自己。此外，他們還有點自卑，不喜歡與人互動。

（11）把手往自己懷裡拉

這種型別的人一般性格外向，待人相當熱情隨和，容易與人接近，交際能力很強。他們通常精力充沛，做事積極主動，乾脆俐落，而且細心負責，不會魯莽行事，凡事都做周詳的計畫。

（12）用雙手握手

習慣於用雙手握手的人，大多相當熱情，有時候讓人感覺熱情過火了而難以接受。他們性格有點叛逆，不喜歡傳統的東西，不太注重禮儀、交際方面的規矩，大多崇尚自由，不喜歡受到某種約束和限制，很多時候不拘小節。

（13）握手時掌心出汗

這種型別的人表面上看起來比較冷淡、漠然，非常平靜，一副泰然自若的樣子，但是他們的內心卻非常不平靜，時常處於一種緊張焦慮的狀態，只是他們善於掩飾自己。

隨著餐飲業的發展，人們在外吃飯的頻率也越來越高，據心理學家調查研究發現：80% 以上的人在外面選擇餐廳用餐時，往往都與他們的心理有密切的關係。因此，我們可以從一個人所選擇的餐廳，進行分析，了解他們的性格特徵和內心世界。

（1）選擇漢堡店的人

這種型別的人，大多性格外向，開朗大方，總是對自己充滿信心，生活態度積極、上進。他們做事比較小心、謹慎，凡事以安全為上，屬於典型的安全主義者。此外，他們缺乏冒險精神，沒有好奇心，面對未知的領域時，往往會極力避免因陌生所帶來的恐懼感。

（2）選擇便當店的人

這種型別的人，性格爽朗率直，樂觀積極，很會享受生活，也懂得去創造生活。他們具有很強烈的冒險精神，好奇心強，想要享受未知體驗的意識很強。對於自己初次去的地方，他們一定會積極、努力地去熟悉環境，以便能夠盡快地融入到當地的氣氛中。

（3）選擇街頭小吃的人

這種型別的人，性格外向，坦誠豪爽，待人熱情大方，喜歡熱鬧的環境，能言會道，喜歡與人來往，而且人際關係很好。他們大多好奇心很強，對流行很敏感，接受新事物的能力很強，講究實際，喜歡實在平淡的生活。

（4）選擇麵食店的人

這種型別的人，性格內向，思想保守、傳統，做事小心謹慎，不善於表達，不願意向他人洩露自己的內心世界，也不喜歡與人往來，人際關係一般。他們大多膽子比較小，缺乏向新事物挑戰的勇氣。

(5) 選擇家庭式餐廳的人

這種型別的人，大多事業心重，爭強好勝，個性冷靜沉著，做事相當細心認真，具有強烈的責任感。這種人一般都比較忙，以至於沒有太多的時間與家人相處。

(6) 選擇提供商業午餐的咖啡廳的人

這種型別的人，大多性格開朗樂觀，生活態度積極上進，凡事都會做好周詳的計畫，不會盲目行事。他們的目標相當明確，而且十分了解自己，因此，無論在什麼環境中，都不容易迷失自己。此外，他們有冒險精神，對於新的領域，往往會採取積極的態度，並讓它們逐漸成為自己的一部分。

一般而言，選擇其他小餐館用餐的人，大多性格比較內向、保守，他們所受到的固定觀念束縛比較嚴重，比如，該在哪裡喝酒，該在哪裡吃飯等等，都有比較固定的地方，因此，他們的一些見解往往比較偏激，在為人處事上比較任性。

在日常生活中，我們的吃、穿、住、用、行等很多事情，都需要進行付款才能得到解決的，且每個人都有過付款的經歷。其實，一個人採用什麼樣的付款方式，在相當程度上與他的性格，以及處理事情的習慣，有著非常緊密的關係。

（1）習慣親自付款的人

這種型別的人大多比較保守，偏重於循規蹈矩，守著一些過時的東西。他們往往缺乏安全感和冒險精神，對冒險、新奇的事情不感興趣，比較喜歡安穩、自在、有規律的生活。他們總是認為：凡事他們只有親自參與，才會有所保障。雖然他們的表現欲望並不強烈，但是他們又極希望得到他人的肯定和認同。

（2）習慣讓別人去付款的人

這種型別的人往往比較缺乏主見，經常不能堅持自己的原則和立場，而習慣於服從和聽命於他人，被他人領導。他們對人生的要求不高，只要生活得安逸、充實就可以了。在工作和生活中，他們的責任心並不強，在挫折和困難面前，不僅會膽怯、退縮，而且還常常找各種理由和藉口為自己開脫。

（3）習慣收到帳單後立即付款的人

這種型別的人大多言而有信，遵守諾言，很有魄力，凡事說到做到，拿得起就放得下，當機立斷，從來不拖泥帶水。他們通常為人真誠、坦率，十分遵守規則，而且能夠為他人著想，因此，他們從不希望自己欠別人，但別人反而可以欠他們。因此，這種型別的人往往人際很好，相當有人緣。

（4）習慣拖著借款不還的人

有些人喜歡將借款拖著不還別人，並且能拖多久就拖多久。這種型別的人通常相當自私，缺乏公平的觀念，並且有占便宜的心理，總是希望自己少付出或是不付出，就能夠得到盡可能多的回報。一般情況下，他們不會輕易地去關心和幫助別人，也很少會站在別人的角度或立場考慮問題，因此，他們在為人處事方面往往缺乏熱情和真誠，顯得相當冷漠。

總而言之，不同性格的人、不同職業的人及不同工作職位的人，他們所運用的付款方式往往風格迥異，各不相同，通常與他們的性格、職業、職位等有著很大的關聯。因此，我們從一個人的付款方式上，很容易就可以看出對方的性格、職業等情況。

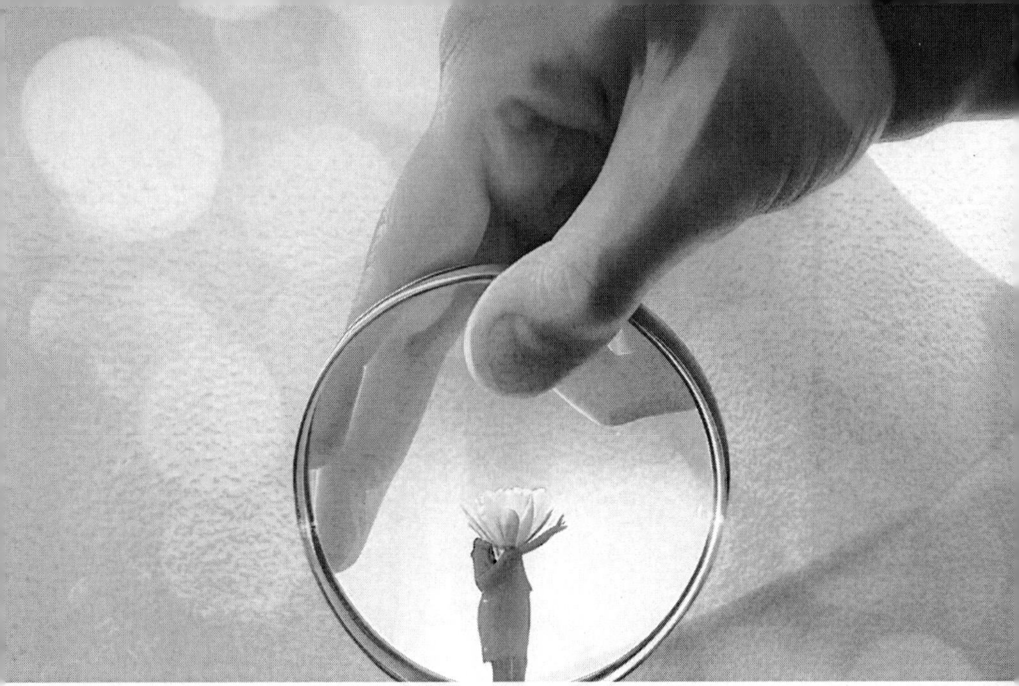

第五章

從職場表現看人識人

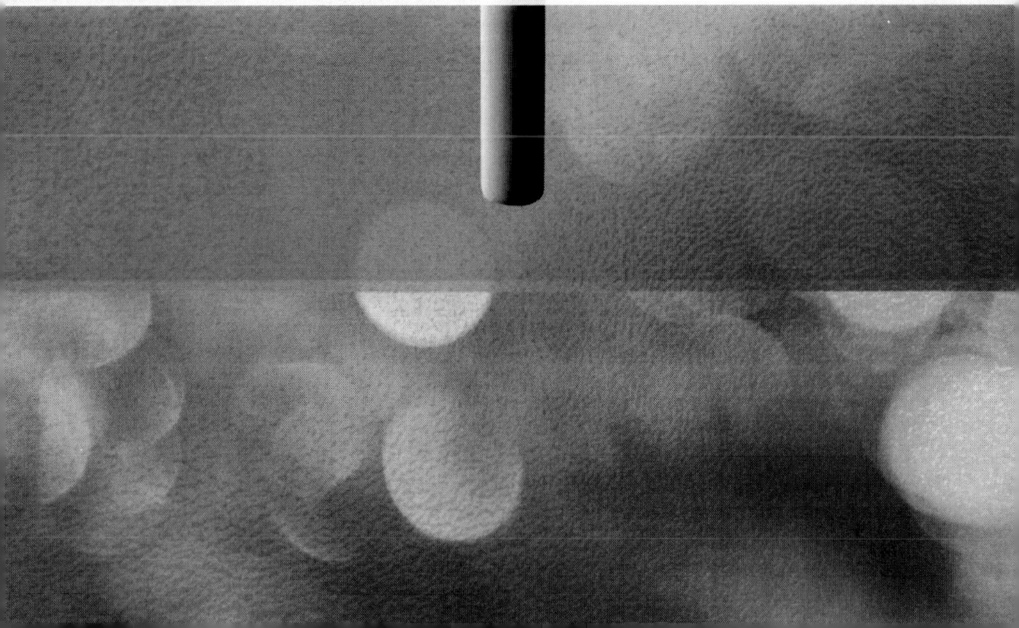

職場如大海，人就猶如大海中的一粒沙。人在其中行走，難免會碰到各式各樣的人和事，而如何才能在風雲變幻的職場中站穩腳跟？這就需要我們掌握住生活中的點點滴滴，細心觀察周圍的每一個人，從細微處迅速掌握他們的性格特徵，讓自己在職場中遊刃有餘，平步青雲。

一般而言，每位在職人員基本上都會有一張屬於自己的辦公桌，它就像是我們的另外一個家，是我們靈魂的另一個停泊地。在這有限的空間裡，在這一張小小的辦公桌上，卻能真實地反映出一個人的性格和對生活的態度。

（1）桌子和抽屜都整齊乾淨

這種型別的人，通常把桌子和抽屜都收拾得乾乾淨淨，整整齊齊，各種物品都放在該放的位置上。他們一般重視秩序，很有毅力，凡事腳踏實地，有責任心，是值得信賴的人。他們辦事效率很高，生活很有規律，做任何事情都會事先做好計畫，顯得有條不紊，而且時間觀念強，懂得珍惜時間，能夠充分利用時間來做有意義的事情。他們大多志向遠大，也一直為此努力奮進。

他們的缺點是應變能力較差，面對一些突發事件時容易措手不及，而總是容易看到別人的缺點，看不到別人的努力。

（2）桌子和抽屜都亂七八糟

這種型別的人，性格比較隨和，腦子比較靈活、開放，待人極度熱情，生活態度積極樂觀，但過於隨意，不注重小節，比較馬虎，凡事猶豫不決。他們做事比較情緒化，常常是憑自己的愛好和一時的衝動，三分熱情後就自然放棄了，而且缺乏深謀遠慮的智慧，思考事情也不夠周密，沒有長遠的計畫。但是，他們應變能力比較強，特別是對於處理危機事件，往往會很有一套。

（3）桌子乾淨，抽屜亂七八糟

這種型別的人，通常是桌子整理得乾乾淨淨，但抽屜就像個垃圾桶一樣，亂七八糟，什麼都有。他們大多性格比較傲慢、懶散，待人不夠坦誠，為人處事不可靠，他們朋友很多，但是深交的沒幾個，一般屬於那種表面風光、內心孤獨的人。此外，他們聰明有智慧，但做事不夠踏實，喜歡耍小伎倆，表面功夫做得很好，但是實際沒有內涵。

（4）辦公桌雜亂卻有序

這類人辦公桌上的東西很多，但是各種文件分門別類，主次分明，排列非常合理。這種型別的人大多邏輯性很強，虛心謹慎，能夠敏銳地看到自己或他人的缺點，並能夠坦然地接受別人對自己的批評。他們是很有才能的人，而且有進取心，但因太優秀了，容易給人一種不容易親近之感。

（5）辦公桌上擺設小盆景

這種型別的人，一般喜歡在辦公桌上擺上一些小花，或是綠草之類的植物。他們大多比較理性，性格溫和，待人平和，人際關係不錯，處事細心謹慎，冷靜穩重，具有很強的責任心。此外，他們生活態度積極，喜歡平靜而又自由的生活。

（6）辦公桌上擺設小玩具

這種型別的人，通常在自己的桌子上擺一些公仔、布娃娃等小玩具。他們一般想像力比較豐富，喜歡用自己的行動來營造一種富有感情的世界，不喜歡那種枯燥乏味的生活。他們大多工作不夠認真踏實，責任心不強。

（7）辦公桌上放置家庭相片

這種型別的人，大多感情比較脆弱，性格內向、溫和，喜歡平靜的生活，不喜歡與他人發生爭執。他們一般比較細心，會把每個人的聯絡方式、生日等都記住。此外，他們的生活一般以家庭為重心，很有家庭責任感。

（8）辦公桌上放有紀念意義物品

這種型別的人，大多性格內向，不善言語，重情義，但不善於交際，因此朋友不多，但僅有的幾個卻是非常友好的。他們缺乏耐心和毅力，在困難面前往往會不戰而退，而且比較脆弱，容易受到傷害。

隨著社會的發展，通訊設施越來越先進，紙質信件已經越來越少，取而代之的是越來越多的電子郵件、簡訊、電話……但不管這些通訊裝置有多先進，紙質信件還是廣泛普遍存在的，因此，透過觀察對信件的處理方式來了解一個人的性格還是很有必要的。

（1）速拆速回

收到信後就迅速拆閱，並在最短的時間內寫好回信的人，大多時間觀念比較強，總希望能夠盡快地把事情做好，然後去做其他事情，同時對方也不用等太久。他們做事細心謹慎，有條不紊，認真負責，而且生活很有規律性。但也有一些人，只是因為寫信的人對於他來說比較重要，才比較積極地拆、回信，那他們在其他方面大多都比較散漫和隨便。

（2）請人代閱代回

這種型別的人，大多都是因為信件多，而且自己很忙，沒有精力去處理信件，所以才會請人代勞。他們一般對別人充滿信任感，性格明朗大方，比較慷慨，對自己相當有自信，不喜歡隱藏自我，待人真誠，這種人一般有較高的社會地位。但他們的自我意識比較強，喜歡以自我為中心，領導欲望很強，因此人際關係欠佳。

（3）有選擇地看、回

這種型別的人，通常在接到信以後，先進行一番選擇，把重要的信件撿出來，不重要的基本不看和不回覆。他們一般感情比較細膩，重情誼，性格內向，比較保守，做事很有原則性，為人處事慎重、細心，有較高的警惕性和防禦心理。但他們難以接受新事物，缺乏隨機應變能力，意志不夠堅強，比較脆弱，容易受到傷害。

（4）有空時再處理信件

這種型別的人接到信後，先把它扔到一邊，等到忙完手邊的工作了再去閱讀。如果不是故意不看，就表示他們比較忙碌，時間安排得很緊湊，不希望在工作的時候再做其他事情。這種人大多有堅定的意志力，注意力集中，做事的時候很少受到他人的影響。此外，他們有很強的責任心，很有主見，獨立意識強。

（5）先詳看地址後拆信

這種型別的人接到信後，通常先仔細地看寄信人的地址後，才打開看信的內容。他們大多做事很有規則性和規律性，比較謹慎細心，有凡事堅持到底的精神。此外，他們的生活態度比較嚴肅，對自己的要求比較高。

（6）什麼信件都看

這種型別的人，不管是重要信件還是垃圾信件，都會認真閱讀。他們一般好奇心比較強烈，對任何事物都有求知欲望，對新事物充滿興趣，而且接受能力很強。他們的性格比較開朗，具有很強的忍耐力，有寬容心。

（7）見垃圾信就丟

這種型別的人，通常一看到垃圾信件就丟到一邊，看也不看一眼。他們大多為人處事比較小心和謹慎，不會輕易相信他人，自我防衛意識很強。此外，他們有點憤世嫉俗，處理人際關係不夠圓滑和世故，所以人緣一般。

（8）信件很少

這種型別的人，信箱一般比較空，信件很少。他們大多性格內向、孤僻，不善表達，不太容易與他人進行溝通和交流，人際關係一般。這種人的自主意識很強，做事認真負責，很有主張，忍耐力和堅持力很強，一旦自己決定了的事情，就會全力以赴，不受外界影響。但他們凡事不會徵求他人的意見，喜歡我行我素，而且容易走極端，不是過分堅強，就是過分脆弱。

（9）信件很多

這種型別的人，不管什麼時候，信箱總是滿滿的。他們大多性格外向，擅長於交際，人際關係很好。他們手工能力強，生活態度積極上進，待人隨和親切，能夠關心體貼他人，容易獲得他人的信任和依賴。這種人通常都會很忙，因為朋友多，往往會有很多應酬活動。

在工作中，我們基本上每天都會接收到很多檔案，有重要的檔案，也有無關緊要的檔案，有急需處理檔案，也有不用急於處理的檔案……面對這一堆堆的檔案，每個人都有自己的處理方式。據一位效率研究專家調查研究發現：辦公桌上的檔案擺放，通常可以展現一個人的某些性格特徵。

（1）檔案放置主次分明

這種型別的人，通常很認真地處理檔案，把每份檔案都按照重要程度擺放，以便需要時容易找到。他們大多做事認真謹慎，有條不紊，很有原則性，責任心強，有很強的組織能力和操作能力，工作上相當敬業，往往會得到上司的賞識。此外，他們性格開朗樂觀，為人豪爽大方，凡事追求完美，但缺乏合作精神，不夠果斷，主觀意識過強，不輕易採取他人的意見，而且做事墨守成規，缺乏冒險精神和創新意識。

（2）散放檔案

這種型別的人，通常是各種資料這裡放一些，那裡放一些，沒有規律性，而且主次不分，需要的時候也要翻大半天。他們大多做事虎頭蛇尾，主次不分，怎麼也理不出個頭緒來，而且盲目順從，沒有自己的主見。同時，他們的自控力不強，注意力不夠集中，不管是在工作還是學習中，都容易受到外界的影響。很多時候，他們都了解自己的缺點，也努力地去改變這種狀態，但由於自己本身的性格限制，往往會自我妥協。

（3）堆放檔案

這種型別的人，通常是接收到檔案的時候，主次不分，不管有用沒用，全都堆放在一起，亂七八糟，每找一份檔案都要翻天覆地。這種人大多性格偏內向，喜歡幻想，做事不夠專心，注意力不集中，比較馬虎、粗心，責任心不強。他們辦事沒有條理性，無法循序漸進，因此，常常事半功倍，而且缺乏持之以恆的毅力，遇到困難時往往不戰而退。

（4）隨便亂塞檔案

這種型別的人，通常是接收到檔案後，可能抽屜裡塞一些，書本裡夾一些……哪裡都有，甚至還有可能會扔進垃圾桶裡，等到需要的時候往往無從下手。他們大多性格外向，開朗樂觀，腦子靈活，隨機應變能力強，有冒險精神和好奇心，接受新事物能力很強。缺點是虛榮心強，愛投機取巧，喜歡耍小伎倆，過於注重外表，才氣不足，對工作不夠認真負責，因此，通常給人一種不夠踏實、華而不實的印象。

眼睛是心靈的窗口，眼睛語言是一種無聲的語言，它比任何言語都更重要、更真實。在職場中的我們，不但要學會與下屬進行眼神交流，更要學會從上司的眼神裡，發現關於自己的更多訊息，了解上司的內心，以便及時調整自己的工作方式，讓自己成為職場中的菁英。

當我們與上司談論某件事情，或是向上司提出某種請求的時候，不應該只用耳朵來聽，更應該學會「眼觀六路，耳聽八方」，從上司的眼神來判斷事態的發展。

（1）面帶微笑，眼神恬靜

這個人此刻的心情很舒暢，對我們和正在所討論的事情都感到非常滿意。如果這時候我們提出某種要求，相信他會比平時更容易滿足我們的要求。這時候也是我們說恭維話的最佳時期。

（2）眼神平靜

如果正在討論的是我們自認為著急的事情，表示他對這事情的解決辦法已經胸有成竹，並穩操勝算。如果他沉默不說，那我們就不必多問，只要回去等待通知就可以，因為這是事關機密的事情。

（3）眼神散亂無神

對於正在談論的事情，他內心非常著急，但也是毫無辦法。如果我們這時候硬要向他請示也是沒有答案，應該給他一些時間去思索考慮，耐心等待，或是另想辦法。

（4）眼睛四處張望

在談論事情的時候，他的眼睛四處張望，神不守舍的，說明他對於我們正在談論的話題感到很厭煩。如果這時候我們繼續說下去，也是毫無結果，不如先藉機告退，或尋找新話題，等有機會再談。

（5）視線集中，眼神凝定

一般而言，表示他對正在談論的事情很重視，我們應按照預定的計畫陳述。如果我們對這事情的見解不錯，方法可行，他一般都會欣然接受。

（6）眼神陰險

這是一個不好的訊號，如果這個時候有什麼緊急的要求，都千萬別提出，除非你已經早有心理準備，並且打算一拚到底。

我們不但要學會從上司的眼神中判斷事態的發展，更要學會從上司的眼神中了解更多關於自己的訊息，以便讓自己在工作中做得更好。

1. 在和上司一起談話時，如果上司久久不眨眼的看著我們，表示他對我們所談論的內容很感興趣，想知道更多的情況，這時，我們就儘管說下去。
2. 如果上司友好地、坦率地看著我們，甚至偶爾對我們眨眨眼睛，說明他對我們的評價很高，很欣賞我們的能力。他想以此來鼓勵我們說下去，這時我們應該大膽提出自己的要求和想法。
3. 在交談中，如果上司用銳利的眼神，目不轉睛地盯著我們，則表示他在顯示自己的權力和優越感，並對我們冷漠無情，同時也在暗示我們：我能看透你的心思，最好不要騙我。這時我們最好不要與他較量，也不要與他爭辯，最好藉機離開。

4. 上司偶爾與我們對視一眼後，又朝別的地方看，如果多次這樣做，則表示對我們沒有信心，不夠了解，這時我們應該多推銷自己。
5. 上司看了我們一眼後，就向辦公室內凝視著，而且不時微微點頭，則表示他要我們完全地服從他，不管我們說什麼，有什麼想法，他一概不予理會。這時，最好停止談話，也不要解釋什麼。
6. 當我們向上司彙報工作，或上司找我們談話時，他不抬頭看我們，則表示他對我們不重視，認為我們能力不足，這時我們最好早點離開。
7. 上司在與我們交談時，不斷地看窗外或手錶，則表示他不想與我們繼續談下去，或者還有其他急事要去辦。這時我們最好馬上停止談話，再約下回交談的時間。

總之，人際互動中，眼睛所發出來的訊息，是最直接、最原始、也是最真實的，其他身體動作、言語、態度等都可以偽裝，但是眼神是不能偽裝的。

在工作中，我們難免要開一些會議，這不僅是要對工作進行討論、交流等的最佳時期，也是同事之間加強了解的最好機會。只要我們細心觀察，就會發現，在會議中每個人的表現都是不一樣的，而透過這些表現，我們可以更深地了解一個人的性格等。

（1）開會時東張西望

開會時東張西望是不專心、心不在焉的表現，說明這種型別的人對所討論的事情不感興趣，甚至可能是對所談論的內容產生一種不滿、對抗的消極情緒。

（2）開會時視線集中於某處

這種型別的人，開會時視線往往集中，而且面無表情，目不轉睛地盯著主席臺或辦公室的其他地方。他們和上一種人差不多，也是對會議內容或者發言內容不感興趣。他們此時的腦子可能什麼都沒有想，也可能是在思考其他的問題。

（3）開會時微笑點頭

這種型別的人，在開會的時候，會隨著他人的發言而不時地微笑點頭。其實這一動作不但是對發言者表示尊重，更加表達了他對會議的話題很感興趣，而且對會議的內容進行了思考。他們一般做事相當專心，凡事抱有一種要了解的心態，而且懂得尊重他人。

（4）開會時善於發表觀點

這種型別的人，在會議中，往往善於抓住時機，並能很好地發表自己的觀點、看法。他們大多善於思考，獨立意識強，有主見，具有很強的隨機應變能力，做事很有衝勁，而且有毅力和忍耐力。但他們喜歡表現自己，性格有點孤傲。

(5) 發言時嚴肅而端正

這種型別的人，在發言的時候總是一本正經，語調鏗鏘有力且穩重。他們大多性格偏中，為人處事小心謹慎，對自己很有信心，做事細心、認真、踏實，有毅力和行動力，對自己決定了的事情，就會堅持到底，不會輕易改變。

(6) 發言時喜歡打手勢

這種型別的人，在發言的時候，總會伴有一些手部動作，特別是到激動時，出現的頻率就會更大。他們大多性格外向，善於表達自己，喜怒哀樂分明，行動能力強，做事積極主動。但他們不善於掩飾自己，沒有耐心，往往給人一種浮躁、不踏實的感覺。

(7) 發言時語速很快

這種型別的人，發言的時候語速很快，讓人難以聽清楚。他們大多自我意識很強，凡事喜歡以自我為中心，做事往往不顧他人感受，一意孤行，不會輕易聽取他人的意見。此外，他們性格急躁，容易發怒，比較挑剔，喜歡吹毛求疵，與人難以相處。

（8）發言時抑揚頓挫

這種型別的人，發言時一字一句，語速非常慢，往往讓人感覺不耐煩。他們大多做事有條不紊，穩重踏實，細心謹慎，並且很有耐心。此外，他們心理承受能力很強，有責任心，重感情，人際關係很好，而且受到他人的信賴。但他們性子比較慢，做事效率不高。

此外，從會議發言時聲音的大小，也能看出一個人的性格。一般而言，發言時聲音大的人性格開朗，為人坦誠、豪爽，富有正義感，而且能力很強，深受大家的歡迎和尊重；發言時聲音很小的人性格內向，缺乏自信心和行動力，而且疑心很重，但善於謀劃，做事也很小心謹慎，凡事都要做好周詳的計畫。

俗話說：「性格決定態度，態度決定成就。」在工作中，我們往往會自然而然地將自己的性格特徵表現在對工作的態度上。因此，透過觀察一個人的工作態度，可以了解他的性格特徵和內心世界。

（1）主動積極型

這種型別的人，不管是不是屬於自己職責範圍內的事情，只要他們覺得有必要，都會主動去做，並且做得很好。他們大多很有領導才能，性格開朗大方，樂於助人，有衝勁，行動力強，做事認真、負責，而且有堅持力，不畏艱難，遇到困難時能夠坦然面對，也不會輕易言敗。但是他們喜歡表現自己，做事比較張揚，容易給人一種愛出風頭的感覺。

(2) 應付型

這種型別的人做事與上種人恰好相反，只要不是自己的事情，絕不會去碰，即使是自己的事情也是草草了事，十分敷衍。他們做事不夠認真、細心，很散漫，不管是在生活中還是工作上，都是得過且過，沒有責任心和進取心。他們為人處事很現實，而且抱有「今朝有酒今朝醉」的人生態度。

(3) 理智型

這種型別的人，做事十分客觀，不會主動承攬責任，只做屬於自己職責範圍內的事情，而且總是努力完成。他們大多比較理性，處理問題比較客觀理智，他們做事細心謹慎，遇事冷靜沉著，臨危不亂，很有責任心，出現問題時勇於承擔責任。

(4) 作秀型

這種型別的人看起來工作很勤奮，忙忙碌碌，非常努力，但實際上這只是表面文章，是他們做給別人看的。一般而言，如果上司在場，他們工作就很賣力，一等上司走開，他們就會變得無精打采。他們大多表裡不一，性格偏中，缺乏自信心，善於掩飾自己，工作能力差。

（5）推諉責任型

這種型別的人，無論是什麼工作，能推就推，不能推就躲，凡事以「不求有功但求無過」為標準。他們大多缺乏責任心，性格內向、消極，思想保守、傳統，做事循規蹈矩，畏首畏尾，沒有勇氣，面對困難總是退縮。

（6）自責型

這種型別的人，喜歡承擔責任，不管是否與自己有關，他們內心都會很自責，而且會積極主動承擔責任。這種型別的人責任心強，喜歡反省自己，而且很有進取心，但缺乏隨機應變能力。在生活上，他們對自己很苛刻，因此壓力非常大。

（7）情緒型

這種型別的人，凡事過於情緒化，遇到困難和挫折的時候就會垂頭喪氣，甚至一蹶不振，遇到高興的事情時就會情緒高漲。他們大多情緒不穩定，性格柔弱，容易受到傷害，而且缺乏意志力和勇氣。這種型別的人在事業上不會有什麼大的成就，但能夠小有所成。

（8）屢敗屢戰型

這種型別的人心理素質非常好，做事積極，有很強的上進心，性格堅毅，具有頑強的鬥志和意志力，凡事有堅持到底的精神。他們具有很強的冒險精神，生活態度樂觀、積極，善於剖析自己、總結經驗和吸取教訓。這種型別的人在事業上通常會獲得很大的成就。

（9）排斥型

這種型別的人，通常不喜歡工作，對工作抱有一種排斥的心理，凡事都會以一種消極的情緒去對待。他們一般做事不夠細心認真，生性懶惰，生活態度消極，沒有耐心，而且缺乏意志力和上進心。

不管是在工作還是學習中，我們都有很多參加會議的機會。在每一次的會議中，最關鍵的、引人注目的人，通常是會議主持人，因為一個會議的成敗，往往與主持人對場面的控制能力和主持風格有密切的關係。因此，透過觀察主持會議的方式，也能判別一個人的內心、性格特徵等。

（1）喜歡囉嗦的人

這種型別的人，通常把所有的與會者都當成自己的學生，唯恐他們聽不明白自己在講什麼，一而再、再而三，反反覆覆地講解，完全不顧與會者的感受。他們大多性格內向，比較清高，不拘於世俗，除了自己的專業之外，對其他事情都很冷漠。他們一般在某一學術科學研究領域非常精通，是專家級的人物，並且具有一定的權威意識。

（2）喜歡「獨裁」的人

這種型別的人，在會議中一般都不允許他人對自己的觀點提出質疑，比較獨裁。他們大多有一定的社會地位和能力，而且對自己目前所擁有的一切非常看重。他們一般具有很強的自信心和意志力，冷靜沉著，做事總是未雨綢繆，大多時候都能做到心中有數，遇事也能泰然自若。但他們個性比較頑固，不會輕易接受他人的觀點。

（3）愛表現自我的人

這種型別的人，在會議中，通常會占用大部分的時間來陳述自己的種種成就，或表達自己的一些觀點和意見。他們大多身居要位，並且深受老闆和上司的賞識，而這些成就往往讓他有一種優越感。他們一般腦子靈活，聰明智慧，應變能力強，但高傲自大，甚至目中無人，而且缺乏責任心，在事故面前總會想方設法逃避責任。

（4）只傳達命令的人

這種型別的人，在會議中不會囉嗦，只負責把上級的命令傳達下去，並把下級的意見收集，反映到上級那裡。他們大多為人處事比較圓滑世故，一般不會輕易得罪任何人。他們很有想法和主張，理解能力強，對很多東西都看得很透澈，但不會輕易地說出來。

（5）溫文謙虛的人

這種型別的人，在主持會議的時候有自己的風格，而且表現得彬彬有禮，溫文爾雅，非常謙虛。他們大多是屬於理性的人，性格冷靜沉穩，不管是在會議上還是其他場合，通常都表現得很自然，能夠暢所欲言。但由於他們過於理智，而缺乏應該的感情色彩，從而會減弱自身的魅力。

隨著通訊行業的飛速發展，行動電話也越來越普及，通訊錄的使用率也在慢慢下降。然而，無論通訊行業如何發達，行動電話總有故障的時候，或是沒電的時候，所以很多人在生活中依然會備一本通訊錄，以備不時之需。其實，這些形形色色的通訊錄，不但能夠為人們的相互通訊提供便利，而且還能夠反映出通訊錄主人的個性特徵。

（1）隨身攜帶通訊錄

無論去哪裡，都會隨時攜帶通訊錄的人，一般做事小心謹慎，不希望惹來一丁點麻煩，並且凡事都要有個章程，否則就會無所適從。他們的自主能力很差，依賴性很強，一旦遇到麻煩和困難，就需要家人和朋友伸出援助之手。這種人的記憶力不太好，缺乏自信心和毅力，獨處時往往容易產生消極心理。

（2）使用便宜的通訊錄

這種型別的人大多覺得沒有必要把太多的金錢浪費在通訊錄上，在他們看來，只要能用就行。這種人一般比較實際，做事的目的性很強，喜歡簡單、方便的生活方式，有很強的適應能力，處理人際關係的能力也很強。他們很有能力，會輕易獲取自己想要的東西，但是往往要求不會很高。

（3）使用名貴的通訊錄

這種型別的人，一般比較重情誼，注重外表，有較好的修養，崇尚物欲和社會地位，喜歡拋頭露面。他們注重生活中的每一個細節，為人處世文質彬彬、小心謹慎，對自己和他人的要求甚嚴，總希望自己和別人都能實事求是。此外，他們做事認真負責，非常注重效率，對朋友也非常熱情、體貼，樂於為朋友提供力所能及的幫助。

（4）使用電子通訊錄

這種型別的人有超前的意識，做事總是未雨綢繆。他們大多善於思考，做事有條不紊，喜歡把一切都安排得井井有條，討厭雜亂無章的東西。這種人的時間觀念很強，凡事講究效率，不喜歡把時間浪費在一些沒有太大意義的事情上。很多時候，他們也為自己這種程序化的性格而感到沉悶，但根本不打算去改變。他們對朋友很忠誠，做事認真可靠，不浮華，所以朋友都十分尊敬和信賴他們。

（5）使用皮夾式通訊錄

喜歡使用皮夾式通訊錄的人，人際關係很廣泛，人緣較好，遇事喜歡找朋友幫助，因為他們有很好的判斷能力，非常清楚哪個朋友可以幫助自己。他們的行動能力很強，做事效率也很高，但是性格有點軟弱，經常會莫名其妙地感到不安，在面對困難時也容易畏縮不前。

（6）經常更換通訊錄

這種型別的人，差不多每到一定的時間就會換一個通訊錄，而且通常只保留那些對自己有價值的人，而對於那些他們認為沒有利用價值的人，則會毫不遲疑地丟棄。他們大多注重實際，生活比較現實，凡事都會認真仔細選擇，只做對自己有利的事情，有點自私。此外，他們敢作敢當，善於檢討自己，經常稽核自己一段時期以來的人際關係，以去舊迎新，而他們的這種做法也是比較現實和符合實際的。

（7）只記錄地址及電話

這種型別的人，一般做事細心認真，責任心強，循規蹈矩。在工作上，老實守本分，總是專心致志地做好自己的本職，而且通常有一技之長，深受上司的讚賞。在生活上，他們重情義，感情專一，是個家庭觀念持重的人，但處理情感方面的事情拖泥帶水，不夠果斷。

（8）沒有通訊錄

這種型別的人，總是把紙片、書本、桌子、手掌等作為自己的臨時通訊錄。他們一般比較灑脫、浪漫，喜歡及時行樂，凡事都會覺得無所謂，比較隨意。同時，他們很有智慧，想像力豐富，有創新能力。但他們為人處事雜亂無章，毫無細膩的安排，並且自控能力差。

（9）珍藏通訊錄

有的人雖然換了好幾個通訊錄，但卻把所有的舊通訊錄當珍品一樣收藏起來。他們大多有強烈的念舊情結，喜歡回憶過去，希望能夠留住那些美好的回憶。他們為人光明磊落，很重情誼，待人坦誠熱情，人緣非常好。

公司調換主管時，大家內心通常都會感到很不安，同事之間往往也會互相打聽：「新任主管是一個什麼樣的人？」相信大家都會有這樣的心理。一般而言，每位從業人士都希望了解自己主管的性格，以便能夠依照主管的性格來配合工作。因此，我們要學會從性格、管理等方面辨識主管的型別，這將使我們在職場上如魚得水。

（1）脾氣暴躁型

這種型別的主管大多權力欲很強，脾氣暴躁、易怒，情緒容易失控，常為一些小事大發脾氣，甚至斥責下屬。面對這種型別的上司，我們最好觀察、分析他們生氣的原因，以防止類似的事情發生。在他們大發雷霆時，千萬不要做任何解釋或推諉責任，應該冷靜地說「我會注意的」等話來緩解衝突，然後找藉口迅速離開。

（2）性格多疑型

這種型別的主管通常都有慘痛的經歷，正所謂「一朝被蛇咬，十年怕草繩」，他們對什麼都抱有懷疑的態度，不會輕易地信任任何一個下屬。如果是你主管級別以上的領導者，不管是否在上班時間，都會時常接到他們詢問工作情況的電話。他們所持的觀念是「人治」勝過「法治」，因此，跟隨這樣的主管，心理負擔會很重，而且沒有地方可以申訴。

（3）性格頑固型

這種型別的主管通常是固執己見，即使別人的想法和觀點比他的要好，他也一概視而不見、聽而不聞，絕不會輕易採納，一定要別人按照他的方法處事。如果有反對他意見的，他就會大發雷霆，大加斥責，最後還會要你迅速完成他交給的任務。

在面對這種主管時，我們要學會退讓、忍讓。在與主管討論事情的時候一定要掌握自己的語氣，要用商量式的口吻；向主管提出建議時千萬不要越權，而且要事先做好周詳的計畫。

（4）性格外向型

這種型別的主管，性格比較開朗，待人也比較隨和，不會輕易地為難自己的下屬。當下屬做得不好時，他會及時地提出來，並幫助下屬快速成長，此外，他們不會輕易把自己不滿的情緒表現出來。這種上司一般比較好相處，懂得為他人著想。

（5）事必躬親型

這種型別的主管凡事都要親自經手，總認為如果不經他手就會出差錯，因此，下屬們就缺少了獨立的機會，當然也無法學到什麼。如果碰到這種主管，就應選擇離開，尋找一位懂得授權的老闆。這種型別的主管一般很少能夠留住真正的人才，因為一位有創意、有膽識的人才絕不希望常受到上司的左右。

（6）愛慕虛榮型

這種型別的主管最大的特點是有強烈的虛榮心，希望別人以自己為中心，一旦別人忽略了自己，就會覺得受到了奇恥大辱，情緒也往往會轉變成對他人的怒火。他們喜歡別人替自己戴高帽、唱讚歌，只要自己的感覺好了，任何事情都好辦。面對這種型別的主管，如果想要高升，就要學會拍馬屁，學會說一些阿諛奉承之詞。

（7）心胸狹窄型

這種型別的主管最明顯的特點是妒賢嫉能，絕不允許下屬搶了自己的風頭。如果他們遇到能力比自己強的下屬時，就會感到很不高興，因為在他們眼裡，下屬應該比自己矮一截。他們一旦發現自己的下屬能力可能比自己強，就會感到坐立不安，並開始和下屬作對，表現得很不合作。面對這種型別的主管，千萬不要突顯自己的能力和得意，選擇離開是一個不錯的辦法。

（8）言行不一型

這種型別的主管總是鬼鬼祟祟，表面上與下屬是哥兒們，實際上是口蜜腹劍。他們為了騙取他人的信任，通常會先對他人許下一個承諾，然後再利用得到的資訊情報攻擊他人，這種人一般擁有小人的心態和言行。

（9）經驗型

這種型別的主管大多從事工作多年，而且累積了一定的經驗。他們的思想傳統、保守，習慣於固定思考模式，處理問題善於延用多年來形成的個人經驗。他們缺乏創新意識，認知上跟不上市場變化的速度，工作上不能與時俱進，並且他們個人的停止不前往往會壓縮了下屬員工的成長空間。

（10）親和力型

這種型別主管的最大特點是以身作則，凡事發揮帶頭作用，樂於幫助別人，具有奉獻精神。他們大多行動力強，性格開朗樂觀，待人熱情豪爽，沒有城府，凡事以大局為重。他們一般情況下不會對下屬發脾氣，總是依靠自己的行動來感召他人。一般跟隨這樣的主管都有很大的獨立空間，不管是在做事還是做人上，都會有很大的收穫。

此外，管理型主管的主要特點是在工作中能嚴格遵守工作原則，重視工作流程、規章制度和相關政策；時尚管理型主管在解決問題時，往往會在掌握工作原則的基礎上，能最大限度地考慮個人的因素；教練型主管有較強的專業知識和工作經驗，能常訓練和指導下屬按正確的方法去做事……總而言之，辨識主管型別是職業人士一門必不可少的課程，要想學好這門課程，就要學會察言觀色，注意老闆的一言一行。

無論是在生活中還是職場上，我們都會碰到許許多多性格迥異的人，而在這些人的身上，往往會有一些看似優點，實則致命之缺點。因此，用人者要學會透過現象看本質，發現並善用真才實學的人，不要被假象所迷惑。

(1) 貌似博學者

這種型別的人一般有一些才華，而且涉獵廣泛，但大多是比較膚淺，不過也有些道理，往往給人一種學識淵博的印象。他們大多是興趣廣泛，青少年時讀了很多書，但是由於其他的原因，未能學習更專精而廣博的學識，最終只停留在少年時代的高峰水準上。他們大多意志薄弱，以至於即使有深造的環境也已力不從心，造成了學識博而不精的局面。在辨別這種人的時候，我們可以問一些比較精而深的問題，這樣，他們的「馬腳」也就暴露無遺。

（2）濫竽充數者

這種型別的人，總是喜歡在別人發言或發表完自己觀點和意見後再發言，而且大多是接著陳述或總結別人的觀點，如果整合得好，則相當精闢，反之，也沒有什麼損失。他們大多生活經驗豐富，知道如何明哲保身，懂得維護自己的形象。此外，他們沒有自己的主見，喜歡附和他人。

（3）鸚鵡學舌者

這種型別的人，大多喜歡看書，而且善於總結他人的觀點，吸收他人的精華。他們一般對事物沒有什麼獨到見解，但總喜歡把自己吸收的精華轉述給他人，而且也不說明不是自己的觀點，因此，很多人都會把他們當作很有學問的人。他們的隨機應變能力和模仿能力很強，但缺乏應有的才能。

（4）不懂裝懂者

這種型別的人，日常生活中有很多，特別是成年人居多。他們大多自尊心很強，喜歡拍馬屁，死愛面子，而且學問不高，學識不廣泛。同時，他們通常會為了自己的面子而做出一些違心的事情。這種型別的人一般不適合做技術型別的工作，因為他們不懂裝懂的個性會給企業帶來很大的損失。

（5）華而不實者

這種型別的人，大多性格開朗，個性有點狡猾，能說會道，口齒伶俐，口若懸河，通常給人的第一印象非常好。如果是初次見面的人，往往會認為他們是一個知識豐富、能力很強、善於表達的人。但實際上，他們只是紙上談兵，總是將許多時髦理論掛在嘴上，以迷惑那些知識不夠豐富，辨識能力差的人。

（6）避實就虛者

這種型別的人，一般有點才華，但喜歡用些旁門左道的方法奪取自己想要的東西，並且在企業中能身居高位。他們為人處事比較圓滑，面對一些實質性的挑戰時，往往喜歡採用避實就虛的方法來處理。其實避實就虛也是種方法，但是如果用多了，就難免會捅出大婁子。因此，在工作中，我們應少用這種型別的人為妙。

總之，用人者在用人中，千萬不要被外部的條件所迷惑，有些人通常是表裡不一，所以我們要學會如何去辨別一個人。

在職場生活中，我們往往會接觸到各式各樣的同事，如果能夠洞悉他們真實的內心，將會使我們在與同事的互動中如魚得水，對工作也有很多的幫助。但如何看透同事的心理呢？其實，要想了解同事的內心世界和性格特徵，可以透過觀察他們在辦公室的各種表現進行分析。

（1）假裝忙碌的人

這種型別的人即使沒有什麼事情的時候，也會力圖在他人面前裝作很忙碌的樣子，希望透過這種方式，使主管和同事重視或不會輕視自己。他們大多能力不強，缺乏自信心，沒有耐心和毅力，工作業績往往很差。

（2）看主管臉色行事的人

這種型別的人，通常是主管在場的時候，才會專心致志地工作，一旦主管離開，他們就會情緒低落，無精打采。他們大多比較情緒化，缺乏自信心，言行不一致，往往給人一種表裡不一的印象。他們為人處事很虛偽，總是當面一套、背後一套，有點陰險。

（3）喜歡窺視他人的人

這種型別的人，總喜歡窺視他人，通常給人一種心術不正的感覺。他們大多比較愛幻想，喜歡做白日夢，總想著能夠「一鳴驚人」，是典型的空想家。他們好奇心很強，工於心計，做事不夠細心認真，總是心不在焉，而且自尊心很強，性格軟弱，容易受到傷害。

（4）動作誇張的人

這種型別的人，無論是什麼事情，哪怕是雞毛蒜皮的小事，也要竄上竄下，整個辦公室都是他的身影，鬧得周圍的人不得安寧。其實他們並沒有什麼壞心眼，也不是存心讓別人不舒服。他們大多感情豐富，待人熱情，個性好強，總認為言語不足以表達他們內心的情感，因此，才會做一些比較誇張點的動作。但他們內心通常相當寂寞、敏感、不安，總希望自己能得到他人的認可。

（5）常與人目光接觸的人

這種型別的人，喜歡與別人目光接觸，主動向他人流露自己的內心，也希望能夠深入地了解他人。他們大多性格率直、爽朗，對自己充滿信心，懂得為他人著想，善於交際，自控能力很強，因此人際關係很好。他們做事認真負責，有耐心和毅力，很有上進心，凡事會盡量地滿足大家的要求。

（6）沉默寡言的人

這種型別的人無論什麼時候都基本上不說話，即使是開會時點名要發言，他們也只是三言兩語。他們大多性格內向，思想保守、傳統，缺乏自信心，不善言語，不喜歡與他人互動，因此，人際關係不是很好。他們一般做事都會很細心負責，但是缺乏隨機應變能力。

（7）無精打采的人

這種型別的人，無論是工作中還是開會時，通常都是無精打采、心不在焉，不在意談話內容，即使聽了也是丟三落四。他們大多辦事容易拖拉，因為他們根本不領會別人的意圖，不知道別人要自己做什麼，凡事得過且過。他們缺乏責任感，沒有耐心，注意力不夠集中，通常是一心二用，所以，在事業上一般不會有什麼大的成就。

在職業生涯中，如果學會與他人相處，往往會讓我們少走很多彎路，早日獲得成功。要想與他人和睦相處，首先就要明白對方是什麼型別的人，只有對他們有一定的了解，我們才可以對症下藥，見機行事，交流起來也就會容易得多了。

（1）無私奉獻型

這種型別的人大多性格善良，待人隨和坦誠，樂於幫助他人，做事認真踏實，沒有心計，凡事默默地無私奉獻，不求回報，因此也往往容易被他人忽略。其實，在競爭激烈的工作環境中，這種人是最值得用真心往來的朋友，「辦公室內沒有朋友」的論點在他們身上往往也會變得毫無意義。

（2）面無表情型

這種型別的人，無論什麼時候都是面無表情的，就算是微笑著與他們打招呼，他們也不會做出相應的反應。他們大多性格內向，冷靜沉著，不喜歡與人互動，善於掩飾自己，喜怒哀樂不會輕易地表露出來，但在關鍵的時候往往會滔滔不絕。

（3）傲慢無禮型

這種型別的人一般個性孤傲，驕傲自大，自我意識強烈，凡事喜歡以自我為中心，常擺出一副盛氣凌人的架勢。他們大多對自己充滿信心，好奇心強，有冒險精神，但性格固執，缺乏自知之明。與他們互動，千萬不要低三下四，要堅持自己的原則，與他們談論事情的時候要簡潔明瞭，不要長篇大論。

（4）自私自利型

這種型別的人大多性格比較內向、孤僻，缺少應有的關愛。他們比較自私，凡事以自己的利益為出發點，不會考慮和顧及他人的感受。此外，他們心理承受能力差，感情脆弱，容易受到傷害，不能承受一定程度的打擊。

（5）城府很深型

這種型別的人，大多性格內向，有點自卑，缺乏自信，有強烈的自我防範意識，不喜歡向他人顯露自己內心的祕密。他們大多很有心計，善於掩飾自己，很有主見，對很多事物都有獨到的見解，但不會輕易地說出來。

（6）造謠生事型

這種型別的人總是想方設法打探他人的隱私，而且喜歡製造和傳播謠言，也許他們從中不會得到什麼好處，但是卻樂此不疲。他們大多好奇心很強，凡事都很計較，度量很小，而且妒忌心強。此外，他們自身的能力很差，缺乏耐心，自私自利。

（7）草率決斷型

這種型別的人大多做事不夠理智，容易感情用事，缺乏深謀遠慮，容易做出失誤的判斷。他們凡事考慮不夠周詳，但反應相當敏捷。這種型別的人，如果能時常保持一種清醒的頭腦，往往會有一番成就。

（8）固執己見型

這種型別的人一般性格固執，思想保守、傳統，觀念陳舊、老化。他們喜歡以自我為中心，凡事自以為是，固執己見，絕不輕易採納他人的觀點和意見。

（9）沉默寡言型

這種型別的人，大多性格內向，不善言辭，但內心很有想法，對很多事情都有自己的看法，只是沒有說出來而已。

這種人為人處事小心謹慎，遇事冷靜沉著，做事認真踏實，而且有責任心，這種人多是埋頭苦幹型的人。

（10）倚老型

他們大多在公司時間較長，當新人加入後，不管年齡、性別怎樣，都會在很長的一段時間裡，極少和你交流，而你主動找話題他們不一定會回應，而且往往會指使你做這做那的。在工作中遇到這種型別的人時，初始在互動上要注意尺度，一般而言，一段時間後，他們會自然而然地與你交流，甚至成為朋友。

同事的型別不是定格的，還可以分為：領導型、油條型、算計型、敬業型……而隨著社會的發展，時代的變化，同事型別的分類也會在一定程度上產生變化。因此，要想能夠在同事間遊刃有餘，就要靠不斷完善自我，多和他們溝通。

國家圖書館出版品預行編目資料

生活微觀，日常行為的心理解碼：飲食 × 興趣 × 社交 × 職場，從隱藏的自我到怪異的他人，全方位解析日常中的隱藏性格！ / 時曼娟 著 . -- 第一版 . -- 臺北市：崧燁文化事業有限公司, 2024.03

面；　公分

POD 版

ISBN 978-626-394-046-8(平裝)

1.CST: 行為心理學

176.8　　113001713

生活微觀，日常行為的心理解碼：飲食 × 興趣 × 社交 × 職場，從隱藏的自我到怪異的他人，全方位解析日常中的隱藏性格！

作　　者：時曼娟

發 行 人：黃振庭

出 版 者：崧燁文化事業有限公司

發 行 者：崧燁文化事業有限公司

E-mail：sonbookservice@gmail.com

粉 絲 頁：https://www.facebook.com/sonbookss/

網　　址：https://sonbook.net/

地　　址：台北市中正區重慶南路一段六十一號八樓 815 室

Rm. 815, 8F., No.61, Sec. 1, Chongqing S. Rd., Zhongzheng Dist., Taipei City 100, Taiwan

電　　話：(02) 2370-3310　　　傳　　真：(02) 2388-1990

印　　刷：京峯數位服務有限公司

律師顧問：廣華律師事務所 張珮琦律師

定　　價：299 元

發行日期：2024 年 03 月第一版

◎本書以 POD 印製